Topos plus **Taschenbücher**
Band 426

Christa Peikert-Flaspöhler

Im Leben such ich dich, Maria

Gedichte, Gebete, Betrachtungen

Topos plus Taschenbücher

Topos plus **Verlagsgemeinschaft**

Butzon & Bercker, Kevelaer | Don Bosco, München
Echter, Würzburg | Verlag Katholisches Bibelwerk, Stuttgart
Lahn-Verlag, Limburg Kevelaer | Matthias-Grünewald-Verlag, Mainz
Paulusverlag, Freiburg Schweiz | Friedrich Pustet, Regensburg
Styria, Graz Wien Köln | Tyrolia, Innsbruck Wien

verlags gruppe engagement

Die Deutsche Bibliothek – CIP-Einheitsaufnahme
Ein Titeldatensatz für diese Publikation
ist bei Der Deutschen Bibliothek erhältlich.

Einband- und Reihengestaltung:
Akut Werbung GmbH, Dortmund
Satz: Schröder Media, Dernbach
Herstellung: Pustet, Regensburg
Printed in Germany

Topos plus – Bestellnummer: **3-7867-8426-4**

Inhalt

Vorwort

Liebe Leserinnen und Leser!

In dieser Sammlung biete ich Ihnen Mariengedichte, Marengebete und einige Prosatexte aus drei Jahrzehnten meiner schriftstellerischen Arbeit an. Aufgewachsen bin ich einer katholischen Familie. Unser Leben war vom harten Alltag bestimmt und gleichzeitig eingebettet in die Tragfähigkeit des Glaubens. Überschwänglichkeit und Bigotterie gab es nicht. Die Marienverehrung gehörte für uns selbstverständlich zur religiösen Praxis. Ich fühlte mich darin geborgen.

Das änderte sich, als mir bewußt wurde, daß Maria in der kirchlichen Doppelrolle als unversehrte Jungfrau und demütige Mutter ein gleichermaßen unerreichbares wie bedrückendes Ideal für uns Frauen darstellte. Ihre hochstilisierte Jungfräulichkeit und die Mutterschaft als ausschließlicher Lebenssinn wurden dazu benutzt, weibliches Selbstwertgefühl einzuschränken. Hinzu kam, kommt oft noch immer, die einseitige Betonung der »niederen Magd«, herausgerissen aus dem Magnificat, dem Befreiungslied. Daß Gott, gerade zugewandt den Erniedrigten, Beherrschten, Unterdrückten, und dazu gehören weltweit in erster Linie noch immer Frauen und ihre Kinder, Befreiung zusagt, wurde von fast allen Kirchenmännern verdeckt. »Ja« zu sagen allen Gehorsamsforderungen gegenüber. »Ja« zum Dienen und Ertragen rückte an die erste Stelle. Ich habe die Auswirkungen in bedrücktem Maße im Leben von Frauen immer wieder ablesen können.

In meine Lyrik mußten die aufbrechenden Fragen einmünden. Die jüdische Mirjam habe ich gesucht und suche sie noch immer. Die Maria der kirchlichen Tradition fragte und befrage ich.

Liebe Leserinnen und Leser, Sie werden ent-decken können, wie ich mich wieder und wieder an Mirjam-Maria herangetastet habe auf den Ebenen der wenigen biblischen Texte, untermauert von Kenntnissen der biblischen Exegese. Ich war ja auch Religionslehrerin. Der Blick auf die Lebensverhältnisse vor 2000 Jahren in Israel erwies sich als hilfreich. Die Frage, wie es zu der Verwandlung der Mirjam in einfachen jüdischen Lebensverhältnissen des Orients zur mächtigen Himmelskönigin kommen konnte, hat mich nicht losgelassen. Daraus ergibt sich der Blick auf die Wirkungsgeschichte für das Frauenbild der Kirche und Gesellschaft. Wesentlich ist in diesem Zusammenhang, daß arme Frauen, vor allem in der sogenannten »Dritten Welt«, die ums Überleben ihrer Kinder, um die Befreiung ihres Volkes aus Unterdrückungsstrukturen kämpfen, das Magnificat und die Tatkraft der jüdischen Mirjam als Vorbild und Hoffnungszeichen für sich gefunden haben.

Aus welcher Quelle aber speiste sich die Verehrung Marias als Himmelskönigin, die Hoffnung der Menschen auf Hilfe und Schutz, wiederum gerade die armen Frauen? Ich bin dankbar für die Wegweisungen feministischer Theologinnen, für Erkenntnisse, die ich aus ihren Forschungen, besonders auch die vorchristlichen Naturreligionen betreffende, schöpfen konnte. Es versteht sich, daß meine persönlichen Erfahrungen, Ereignisse in Kirche und Gesellschaft, menschliche Begegnungen, vor allem solche mit Frauen, in die Arbeit mit dem Wort einfließen.

So lade ich Sie ein, mich zur Mirjam-Maria zu begleiten, sich mit meinen Gedichten, Gebeten und Prosameditationen auseinanderzusetzen, und wünsche Ihnen persönliche Erfahrungen.

Dabei wird das Geheimnisvolle lebendig bleiben.

Christa Peikert-Flaspöhler
31. Januar 2002

I.
Mirjam aus Nazaret

»Siehe, deine Mutter und deine Brüder und deine Schwestern draußen suchen dich.« Mk 3,32

Maria, ich bin sieben Lebensjahrzehnte unterwegs mit dir, zu dir. Was kann ein solcher Zeitabschnitt unseres Erdenlebens jetzt für dich bedeuten? Wie können wir dich heute finden, in dem für uns nicht zugänglichen anderen Dasein? Dort, wo unsere Menschenmaße aufgehoben sind im Unendlichen? Dort, bei Gott, der heiligen Schöpferin Liebe? Ich und viele andere wüßten so gern, wie du jetzt lebst. Du, der so viele Titel zuteil geworden sind im Laufe der Jahrhunderte. Wie konntest du dich wandeln von dem schlichten jüdischen Mädchen, der Frau im harten Alltag zur Himmelskönigin?

Von der Frau, die uns in den Evangelien selten begegnet zur Mutter der Christenheit, zur Trösterin der Betrübten, zum Heil der Kranken, zur Zuflucht der Sünder, zur »wunderschön prächtigen, hohen und mächtigen, himmlischen Frau?«

Zuerst, Maria, möchte ich dir in deinem Frauenleben begegnen. Ich möchte dich finden, wo ich Erfahrungen mit dir teilen kann. Eines verbindet dich jüdische Frau vor zweitausend Jahren und mich christliche Frau im Europa der Gegenwart noch unmittelbar: Für die Männer, die heute wie damals die Glaubenslehren verwalten, sind wir vor allem als Hörende und Gehorsame wichtig. Sie können es sich kaum vorstellen, versuchen es in seltenen Fällen oder wollen es einfach nicht, daß Gott uns ebenso wie sie befähigt und beauftragt haben könnte, die Frohe Botschaft deines Sohnes zu verkündigen, Dienerinnen des Wortes und des Tisches zu sein. Deinen Sohn nehmen sie sich darin nicht zum Vorbild.

Maria, ich möchte dich mit deinem vertrauten Namen Mirjam ansprechen. Die Evangelisten nahmen wenig Notiz von dir als eigenständiger Person. Allerdings war das zu deiner Zeit und in deiner Kultur auch nicht üblich.

Markus schrieb als erster auf, was vom Lehren und

Handeln deines Sohnes Jeschua in den Gemeinden erzählt, was gepredigt wurde. Er hielt schriftlich fest, was für den Glauben der jungen Gemeinden wichtig war. Er scheint es unbefangener getan zu haben, unmittelbarer als seine Nachfolger Matthäus und Lukas. Bei Johannes sind die Berichte zur kunstvoll gestalteten Predigt geworden. Markus läßt die Ecken und Kanten spüren, wie wir sie an uns selber erleben. Dich, Mirjam, läßt der erste Evangelist erst auftreten, als er schon viele Heilstaten von Jeschua berichtet hat. Als dein Sohn dich längst verlassen hat, um den Menschen eures Volkes die gute Nachricht zu bringen. »Die Zeit ist erfüllt, und das Reich Gottes genaht. Tut Buße und glaubt an die Frohe Botschaft.« Mk 1,15

Wie mag dir ums Herz gewesen sein, Mirjam? Du wirst so gelebt haben in Nazaret wie deine Nachbarinnen. Das Haus ist klein. Ebenso klein wie die vielen anderen Häuser der einfachen, der armen Leute in Nazaret. Das zum Leben Notwendige findet sich darin. Dieses Haus, Mirjam, ist dein Lebensraum. Du erfüllst es mit deiner Wärme. Du machst es wohnlich. Die mit dir sind, werden darin satt und finden Ruhe und Schlaf.

Du mahlst in einem kleinen Raum das Mehl zwischen den beiden kleinen Mahlsteinen, du knetest den Brotteig, du bäckst das Brot. Wie wohl wird der Brotduft deiner Familie getan haben, wenn sie sich am Abend zur Mahlzeit versammelte.

In diesem Haus sitzt du am Spinnrad und webst die Stoffe, aus denen du die Kleider nähst. Du bearbeitest einige Beete am Haus, um Gemüse und Kräuter zu ziehen und hast einen Weinstock gepflanzt.

Dein Sohn Jeschua ist in dem kleinen Haus herangewachsen, umsorgt und geliebt von dir, wie die Söhne aller jüdischen Mütter. Von hier aus suchte er jeden Morgen die Arbeitsstellen auf, dort, wo er gerade gebraucht wurde. Er arbeitete als Bauhandwerker, Zimmermann und Bauarbeiter. Türen und Balken setzte er ein, reparierte Schäden, tischlerte einfache Gebrauchsgegenstände. Du hättest ihn gern mit einem jüdischen Mädchen verheiratet. Aber er sagte nur: »Laß mich, Mutter.« Nein, menschenscheu war er nicht. Er nahm an den Festen im Ort teil, er sprach mit den Männern am Feierabend und bei Besuchen. Mit Frauen auf der Straße zu reden, gehörte sich nicht.

Und dann, das begreifst du nicht, so viel du auch nachdenkst, ist er fortgegangen. Plötzlich. So scheint es heute. Vielleicht hatte er das schon länger vor. Nur gesprochen hat er vorher nicht darüber.

Dein Jeschua hörte von Jochhanan, dem Propheten, der in der Wüste lebte, der die Menschen zu sich rief, ihnen predigte und sie im Jordan taufte. Zu ihn hat es ihn gezogen. Sein Schüler wurde er. Ja, der Glaube war für deinen Sohn wichtig. Das hast du oft erfahren.

Ach, wie schwer das war, den Erstgeborenen herzugeben, deine Stütze im mühseligen Alltag. Nicht zu wissen, wo er sich aufhält, keine persönliche Nachricht von ihm zu erhalten, keinen Gruß. Ja, du weißt es, daß Mütter oft darunter leiden, wenn die Kinder ihre Wege gehen. Das ist in der ganzen Welt so. Auch heute.

Bei ihm schmerzt es besonders. Heute spürst du es wieder. Du fühlst dich so müde. Dein Rücken schmerzt. An die Haustür gelehnt, blickst du hinüber zum Haus deiner Freundin Lea. Musik fliegt aus den Fensteröffnungen, Stimmengewirr. Ihr Sohn hat seine Braut heimgeholt. Mitfreuen möchtest du dich und wirst von Trauer umarmt. Weshalb du nicht mitfeierst? Krank seiest du, hast du dich bei Lea entschuldigt. Du willst dich abwenden, hineingehen, als Ester, Leas 12jährige Tochter, dir in der Tür zuwinkt. Sie läuft rasch auf dich zu mit einer bedeckten Schüssel. Hochzeitsessen für dich, Mirjam. Ein schönes Mädchen. Sicherlich wird bald ein junger Mann seinen Vater bitten, um sie zu werben.

»Mirjam, weißt du schon, unsere Verwandten in Kapernaum haben es erzählt«, Ester ist ganz aufgeregt, »dein Sohn, der Jeschua, ist ein Rabbi geworden.« »Das kann nicht sein, Ester.« Du stößt die Worte erschrocken hervor. »Es ist wahr, Mirjam. Er lehrt die Menschen, er predigt. Und sie bringen die Kranken zu ihm. Er heilt sie. Das kann er wirklich. Sie sagen, daß er spricht, wie einer, der Macht hat. Und die Männer, die ihn gehört haben, nennen ihn Prophet, manche sogar Messias.« Du schlägst die Hände vor dein Gesicht. »Sprich nicht weiter, Ester. Das ist nicht mein Sohn Jeschua. Deine Verwandten müssen sich irren.« Deine Stimme klingt brüchig vor Schrecken. Du hältst dich an der Wand fest. »Was hast du, Mirjam? Soll ich dich stützen?« »Der Tag war heiß, Ester. Mir ist schwindlig. Nichts Schlimmes. Grüße deine Mutter, ich danke ihr sehr für das Hochzeitsessen.« »Ich muß ja auch gehen. Sie werden mich schon vermissen. Morgen früh besucht dich meine Mutter. Sie wird dir alles erzählen.«

Du läßt dich auf einen Schemel fallen. Es ist also wahr. Kein Gerücht. Kein Spott. Solche Nachrichten wurden dir schon einmal zugetragen. Stolz sein, auf diesen Sohn? Gott danken? Glänzende Augen, gerötete Wangen, leichte Schritte vor Freude? Warum nicht? Jede Mutter in Israel hofft auf die Gnade des Hochgelobten. Weshalb bleibt dir bei Jeschua nichts erspart? Oder ist es ganz anders? Muß er so handeln? Du, Mirjam bist doch auch eine Frau in Nazaret, die aus der Rolle gefallen ist.

Du schüttelst den Kopf. Es ist nicht möglich. Prophet läßt er sich nennen. Messias! Hat sie ihren Sohn so schlecht erzogen? Was ist geschehen mit ihm? Was ist in ihn gefahren? Wer beherrscht sein Herz? Weshalb ist er nicht mehr bei Jochhanan? Du wehrst dich dagegen. Du willst es dir nicht eingestehen. Zorn steigt in dir auf. Du flehst in deinem Herzen. Du schweigst. Dann sehr leise: »Er ist von Sinnen«. Nachdrücklicher, damit du es genau von dir selber hörst. »Er ist von Sinnen«. Schlafen in dieser Nacht?

Drei Tage später. Auf dem Weg nach Kapernaum. Jakov, Judas, Joses und Shimon gehen mit dir. Du mußt Jeschua heimholen, damit er nichts Schlimmeres anrichtet. Damit ihm nichts Schlimmes geschieht. Eine ungewöhnliche Wanderung für eine jüdische Frau, Mirjam. Mütter scheuen nichts Ungewöhnliches, um ein Kind zu retten, um einem Kind beizustehen. Wiedersehen mit deinem Erstgeborenen in wenigen Stunden. Ganz anders, als du es dir oft ausgemalt hast. Du legst dir immer wieder die Worte zurecht, mit denen du ihn begrüßen willst. Er soll deine Liebe spüren. Dein Gutsein. Daß du nichts für dich willst.

Deine brennenden Füße, deine schmerzenden Augen empfängt der See mit seinem lebendigen Wasser. Wohltat der kühlen Brise. Du darfst die Schönheit sehen. Hier fühlt er sich wohl, denkst du. Dein Herz wird weit. Die Furcht, die Sorge pressen es zusammen seit der letzten Hochzeit in Nazaret. Du holst Atem.

Die Männer drängen weiterzugehen. Hinein nach Kapernaum; denn die Fischerboote am Ufer haben Fang und Arbeiter entlassen. Wo findest du deinen Sohn, Mirjam? Bei den Menschen, so erzählen sie von ihm. Um ihn sammeln sich die Bedrückten und Zukurzgekommenen, die Außenseiter, die Kranken und Verachteten. Wie Durstende um den Brunnen, wie Hungrige um das Brot. Und heute? Weshalb begegnet ihnen niemand?
Sie gelangen in ein Haus, aus dessen Innenhof Jeschuas Stimme klingt. Hier wohnt er also. Vor der Tür stehen zwei Jungen. »Sagt Jeschua, seine Mutter und seine Brüder sind hier, um mit ihm zu sprechen« wendet sich Jakov an die beiden. »Es sind viele bei ihm, um ihn zu hören«, antworten sie und gehen hinein. Endlich werde ich ihn wiedersehen, denkst du, Mirjam und fürchtest dich auch. Wird er sich sehr verändert haben? Wie wird er es aufnehmen, daß er nach Nazaret in ihr Haus zurückkehren soll? Er ist ein erwachsener Mann. Aber es muß geschehen zu seinem Besten. Wenn die Schriftgelehrten ihn anzeigen, ist er verloren.

Sie warten. Lange. Darf er sich seiner Familie gegenüber so verhalten? Jakov klopft. Wieder hören sie seine Stimme.

Schritte nähern sich. Er ist es nicht. Die Jungen sind verlegen. »Jeschua will euch nicht sehen.« »Nicht einmal seine Mutter«, fragst du. Da packt dich wieder der Schmerz des Nichtverstehens. »Nein«, antworteten die Jungen, »er sagte, als ob er euch nicht kenne würde: ›Wer ist meine Mutter, und wer sind meine Brüder?‹« Und dann blickte er die Männer an, die um ihn sitzen und erklärte: »Die ihr hier seht, sind meine Familie. Wer den Willen Gottes tut, ist mir Bruder, Schwester und Mutter.«

»Das hat er wirklich gesagt?« stößt du hervor. Deine Stimme bricht. »Es ist so«, entgegnen die Jungen. »Er hat sich von uns losgesagt, Mutter, ein Skandal.« Shimons Stimme erfüllt von Zorn: »Wir haben hier nichts mehr zu suchen.« »Aber wir leben nach dem Willen des Hochgelobten. Dient Jeschua einem anderen Gott?« Erschöpft drehst du dich weg. Entsetzlich hilflos, verletzt. Hast du ihn verloren, deinen Erstgeborenen? Darfst du ihn aufgeben?

In der Bibel, Mirjam, begegnest du uns nach seinem Tode wieder. Was hast du inzwischen erlebt? Könntest du Jeschua jetzt besser verstehen?

Lukas zeigt dich in der Apostelgeschichte betend vereint mit Jeschuas Jüngern und Jüngerinnen und deinen anderen Söhnen. In Jerusalem, nahe dem Ölberg, versammelt ihr euch im Obergemach eines Hauses und erwartet die verheißene göttliche rûah. Jeschua ist in das geheimnisvolle Leben des Himmels gelangt.

Botschaften

morgen, Mirjam, backen wir Brot
schau nicht zu lange ins Abendlicht
jung wird der Morgen sein
wenn wir beginnen

morgen, Josef, kommst du ins Haus
bringst meinem Vater den Hochzeitstag
weit wird mein Ohr sein
für deine Schritte

heute, Mirjam, begabt dich Gott
schön ist dein Herz in seinen Augen
groß wird dein Sohn sein
aus Jahwes Atem

heute, Bote, verstehe ich nichts
morgen werde ich Hochzeit feiern
hell wird mein Lied sein
wenn Gott mich segnet

heute, Mirjam, ist Hochzeitstag
alles kann der Gelobte schenken
er weckt sein Leben
wenn du bereit bist

heute, Jahwe, gehöre ich dir
morgen werde ich dir gehören
schwer wird dein Sohn sein
wenn Menschen wiegen

heute, Mirjam, beginnt der Friede
Himmel und Erde wachsen in dir
treu wird Gott sein
weil du ihm vertraust

Verkündigung

der Engel
sprach die Worte aus
dir war
als bebte
selbst durch seine Stimme
das Unbegreifliche
der Botschaft hin
und du erschrakst

die Worte
wuchsen über dich hinaus
bis an den Himmel
und doch
dein Herz
war weit und still genug
sie zu umfassen
und
es geschah

Mirjam
bist du
allein
du wachst nicht auf
in Josefs Augen
unberührt
deine Schwelle schweigt
das spurlose Licht
du trägst
den Aufeinanderprall
zweier Welten

Marienwort

mein Ja ist groß
nicht weil ich groß bin
geht es um die Welt
mein Ja ist groß
aus Gottes grenzgelöstem Ja
zu uns Begrenzten
mein Ja ist groß:
ich trage alles, was Gott will
wie seinen Sohn
was ist es, das Gott will?

mein Ja hat diese Erde
nicht verlassen
um fremde Himmel goldgefaßt
zu schmücken
als Droge der Bedrückung taugt es nicht

mein Ja salbt die blutenden Füße der Armen
und richtet getretene Nacken auf
mein Ja belagert die Türme der Macht
und trägt die Schöpfung des Friedens aus

groß ist mein Ja

empfangen von

auf einmal fühlst du:
so umarmt und
so bewohnt von Liebe
war ich noch nie

du hebst die Hände und
die Augen
und tanzt
du küßt das Brot
das Josef essen wird mit dir
nach einem harten Arbeitstag

er fragt:
was ist geschehen?
du leuchtest, Mirjam
wie die Morgensonne

du sagst:
seit heute kennt mein Herz
das Lied
ganz nahe mußt du sein
leg deinen Kopf an meine Brust
du wirst es hören
ganz nahe mußt du sein
wir werden Liebe
in die Augen schauen

Gabriel von Regensburg
zu der Plastik im Dom

dein Freuen
jahrtausendjung
trieb Knospen in allen
Räumen und blühte
in Künstlerhänden auf
daß du uns anschauen
kannst
du lebst
in mich Frohe Botschaft
jahrtausendjung durchtanzt mich
der heilige Gruß

Madonna von Regensburg
zu der Plastik im Dom

des Engels Sonne
Gegrüßte
lächelst verhaltener du
zurück
in den Augen künftige Bilder
an der Brust birgst du
Sions ungestilltes Verlangen
im Wort
prophetische Jungfrau
so wirst du mir Schwester

deine freie Hand
das Haus, das Herz
hebst du
dem Heil entgegen

Frohe Botschaft

frau maria
männlicher vormacht entzogen
Frohe Botschaft
wachsend
in deinem schoß

göttliches ja
umarmt ungegrenzt
ohne bedingung
und läßt sich
umarmen

liebe
frau maria
hat folgen

du besuchst Elisabet
Lk 1,39–42, 46–48

beschwerlich
im Gebirge zu wandern
und schön
dem knappen Atem neigt sich
der Himmel
du steigst Elisabets Freude entgegen
der Sohn in dir
stimmt dich ein
auf das große Hoffnungslied für die Welt

so alt ist das. Maria, so neu:
die Mächtigen und die Getretnen –
die Hungrigen und die Reichen –
und im Streifen dazwischen
im Niemandsland
die sich nirgends zu Hause fühlen;
zu satt, um glücklich zu sein
zu unterernährt, um lieben zu können
untragbar
und nicht getragen
den tragenden Grund allen Lebens
erspüren sie nicht mehr
aber einmal
waren sie doch in ihrer Mutter behaust
gewärmt und aufgehoben;
jetzt suchen die das bergende Innen
auf äußeren Wegen
von einer Ent-Täuschung blindlings zur
anderen ohne inne-zuhalten –
und sie werden ent-täuscht
doch nicht sehend

im Wandern zu wissen:
ich finde ein Haus
ich werde erwartet
mich trägt die Hoffnung
anzukommen
und ich trage sie mit mir
auf Wegen, die sich einsam strecken
wenn ein Wetter droht
wenn mich Nebel verführt
wenn ich der Schwäche gehöre

verwirrt im Gebirge …
Maria, flog diese Furcht dich an?
wer käme
dich heimzusuchen –
der gute Hirte in dir noch gehütet
bedürftiger, werdender Mensch
getragen von dir der Geliebte
der liebend folgen wird
verirrtem, verletztem Leben
bis es sich finden läßt
irgendwo
und er es auf seine Schultern nimmt

viele Mütter tragen behutsam ihr Kind
viele Frauen tragen Mißbrauch und Tod
viele Männer tragen betäubt das Gewehr
viele Kinder tragen am Leid der Welt

viele stehen sich bei in den Wehen

Maria
jung und mit Zukunft gesegnet
steigst du Elisabets Freude entgegen
der Bergwind rötet dein braunes Gesicht
holt unter dem Kopftuch
dem buntgewebten
eine Strähne des Haares hervor
die glänzt nachtschwarz in der Sonne
und dein Kopf trägt frei erhoben
den runden Reisekorb
wie einen Blumenkranz
deine Augen
Zisternen voller Lichter
spiegeln sich schon in Elisabets Blick

dreimal wirst du noch durchs Gebirge gehn
Mutter Mirjam im Judenland
dreimal steigst du hinauf nach Jerusalem

du wirst tragen das Kind
du wirst suchen das Kind
du wirst finden
von Schmerz und Hoffnung erwählt
deinen heimgesuchten Sohn

»als ich deinen Gruß hörte«
Lk 1,44

Wachsen der Liebe
in der alten Frau an der Tür und
der jungen Wanderin
Augen-Blicke berühren sich
Freude beflügelt den Herzschlag
der Mütter
Mirjams Gruß küßt
mit Elisabets Staunen
das ungeborene Kind
da hüpft es
gestreichelt
von göttlicher Zukunft

du tastest müde

Schritt um Schritt
nach einem ausgeglühten Sommertag
den Streifen Garten ab
hältst vor dem schmalen Weinstock
inne
schwesterlich
der seine erste Traube trägt
und wirst
im Rücken Josefs stille Frage
schwerer noch
vor Bangigkeit

der Engel
wird er Antwort geben?

du bringst Jeschua zur Welt
Lk 2,6.6

wo wir genährt und gebildet
gewiegt in der warmen Höhlung der Mutter
werden
ist keine Bleibe
werden wir ausgetrieben
durch das schmerzende Tor
werden gepreßt durch den dunklen Schacht
um weiterzuleben
Anfang und Ende blicken sich an

ausgetrieben auch du, junge Mirjam
ohne Bett und helfende Frauen
wer weiß
mit den Müttern der Armen in Wehen vereint
bringst du den Sohn zur Welt

deine Schreie fallen ins Stroh
in die sprachlose Duldung der Tiere;
und du, Gesalbter, aus Davids Geschlecht
weinendes Kind an der Brust deiner Mutter
suchst Tröstung der Quelle und findest

arm geht es zu unterm Stern der Verheißung
nicht kalt
Menschenkind, Gotteskind
eingehüllt in die Liebe und Treue
des jüdischen Paares

ein Kind ist uns geboren

und doch
bette ich meine Sehnsucht
wieder auf Stroh
von dem niemand weiß
wo es geerntet wurde
aufgeschüttet in einem Stall
der im Dunkel bleibt

ich lege mein müdes Gesicht
an das Köpfchen des jüdischen Kindes
und flüstere:
kennst du Betlehem?

die Mutter, jung
von den Wehen erschöpft
schläft ein

wie schön du bist, Mirjam
so ruhen Josephs Augen auf dir
und so
finden sie den Sohn

ein Mann verneigt sich tief
zum Dankgebet:
ein Kind ist uns geboren
ein Sohn ist uns geschenkt

Weihnachtsgeschichte 1994
Mt und Lk

auf dem Sehnsuchtsweg durch
fremdgewordenes Land
heilige Weisheit weht
mich heute dein Atem
an
innewohnend den Geburtsgeschichten
eines Juden eines Griechen
leise blüht wieder die Rose auf
durch die Jahrtausend hin
einst du Unsterbliche dich
den Frauen und
das Kind wird geboren
eine von ihnen ist Mirjam
offen begegnet sie dir
heilige Schöpferin ruach
duftend wächst aus eurer
jungfräulichen Kraft
eurem Mutterleib
heute
das göttlich geschenkte Kind
und du Lebendige
vor aller Schöpfung
schickst deinen Engel
zu mir

er liegt geschützt an deiner Brust
dein erstgeborner Sohn
so trägst du ihn vor Jahwes Auge
und Josef löst ihn aus
mit Taubenflügeln
Simeons Lichtwort wirft
geheimen Schatten in dein Herz
du birgst das Kind
dein Kuß blüht noch
auf seiner Stirn
du wendest dich zu gehn
als Hannas Greisenhand
sich segnend hebt
dir ist
als rauschte über euch
ein Flügel

du weihst Jeschua im Tempel eurem Gott
Lk 2,22–24

wir brachten das erstgeborene Kind
wie die späteren auch
zum Altar
wir trugen es hin in festlicher Freude, Maria
Dank für das wunder-volle Geschenk
durchströmte uns
ich sehe ihn heute wie damals
den Sohn, der mir den Schoß aufbrach
daß ich an seinem Leben zu verbluten drohte
ein starkes, oh, ein schönes Kind!
sein flaumiger Kopf lag an meiner Brust
so warm, Maria, so süß
daß die Liebe mich mehr verwundete
als sein hungriger Mund

wie klopfte dein Herz, junge Mirjam
während du deinen erstgeborenen Sohn
in den Armen wiegend
Gott weihtest
ließ Ehrfurcht dich erheben?
hob Freunde dich empor?

wir lösten unsern Sohn nicht aus
mit dem Leben schuldloser Tiere
geborgen glaubten wir ihn
in Gottes Hand
ein Taubenpaar, Vater unser
wieviel Jahre hätte es gebracht?
wie wert konnte dir *mein* Blutstrom sein
meine mütterliche Gabe?
du verlangtest nicht hörbar den Sohn
zurück: »Ich gab ihn, ich nehme ihn wieder«.

deine Sonne wärmte, weckte Wunder auf
deine Blumen wuchsen ihm zu
deine Erde gab seinen Streifzügen Raum
gab Stand seinen flinken Füßen
er lebte ungeteilt

bist du schlugst
zielsicher ins Zentrum
wer, wenn nicht du?
Herr über Leben und Tod

Gehirnschlag Blitzschlag Totschlag
die zartesten Windungen seufzten im Blut
und ertranken
das Opfer lag reglos
entmachtet die Glieder
ins Leere ausgeschöpft die Augen

wir wachten bei unserem Kind Tag und Nacht
Mutter Mirjam
wir streichelten seine erkältete Haut
wir küßten das starre Gesicht
wir sprachen zärtlich den Namen
wir suchten das winzigste Zeichen –
in den Augen, sieh nur, ein Strudel!
ein irrer Angststrom aus fremden Welten
der schnell sich entfernt
sein Mund, *du lebendiges Wort*
sein schöngeformter, weicher Mund:
verzerrtes blutloses Fleisch
enteignet das Tor seines Lächelns
seine Zunge lahmgelegt
wo segeln die Lieder?
wo fliegen die Schreie der Freude?

wo schwirren die Namen?
wo finden die Bitten und Klagen Raum
die Laute des Schmerzes, des kindlichen Zorns?
einmal, Gott des Lebens
einmal, Gott der Liebe
verzweifelte Mühsal, ein Wort zu formen:
Auf-Bäumen zum Leben
du gabst es nicht frei
es blieb nur der Schrei, der schrille
unmenschlich wie damals
als es ihn traf

gestorben mein junges Kind
ich kann es nie sterben
lassen
in mir

und die vielen Kinder, Maria
40000 Kinder an jedem Tag
dem Hungertode geweiht
unvorstellbare Zahl
jedes einzelne Kind geliebt
jedes einzelne Kind zum Leben geweckt
wir atmen ein
und wir atmen aus
jedes Mal wird eines der Kinder
deren Engel die Schöpferin Liebe schauen
im Tempel des Mammon dargebracht
geopfert
auf den Altären der Waffen
der menschlichen Macht

kann ich sie
sterben lassen
in mir?

Mutter Mirjam
du hörtest prophetische Worte
über dein Kind
du wurdest gewarnt
Mutter Mirjam
du durftest es groß werden sehen
dein Sohn lebte länger bei dir
als die meisten Söhne und Töchter
bei ihren Müttern und Vätern

wir trugen den Sohn nach Hause
gesegnet, gesalbt mit heiligem Öl
das vor Zeiten die Könige salbte
geschmückt mit dem weißen Kleid
begleitet vom Osterlicht
wir glaubten und hofften
sein glückliches Leben

nicht losgekauft
durch ein Taubenpaar
doch wiedergeboren aus Wasser
und rûah
damit er das Leben habe
damit er es habe
in Fülle

Mutter Mirjam von Nazaret
Mt 13,53–58, Mk 6,1–6, Lk 4,16–30

Lauffeuer brennt durch
Nazaret zu deiner Tür
dein Sohn, hörst du es Mirjam
dein Sohn, der Jeschua
der Zimmermann
verrückt ist er geworden
er predigt in der Synagoge
woher will er das wissen
was er sagt
er ist kein Rabbi und
maßt sich an
Prophet zu sein
sie treiben ihn zum Ort hinaus
der Hochgelobte steh ihm bei

Jesus, Sohn
zu Mk 3,31–35, Joh 2,1–4

Jesus, sanfter Sohn
du bist verschollen
fern auf Straßen und auf Plätzen
führst du stolze Reden
und mein Herz ist bang

Jesus, lieber Sohn
ich will dich sehen
bei der Hochzeit mit dir sprechen
kennst du deine Mutter?
hart weist du mich ab

Jesus, fremder Sohn
ich will dich retten
deine Botschaft wird dich töten
kehr zurück nach Nazaret
doch du sagst dich los

Jesus, treuer Sohn
du bist gestorben
deine Botschaft lebt und tröstet
nach Verrat und Ängsten
jetzt begreife ich

Marias Weg

von Nazaret nach Jerusalem
steigt der Weg, fällt der Weg
und dehnt sich aus
von Nazaret nach Jerusalem
ging ich heimatlos
und fand nach Haus

von Nazaret nach Jerusalem
zieht mein Sohn, lehrt und heilt
und läßt mich aus
von Nazaret nach Jerusalem
ging ich heimatlos
und fand nach Haus

von Nazaret nach Jerusalem
bangt mein Herz, hofft mein Herz
und setzt sich aus
von Nazaret nach Jerusalem
ging ich heimatlos
und fand nach Haus

von Nazaret nach Jerusalem
steigt mein Sohn, fällt mein Sohn
und gibt sich aus
von Nazaret nach Jerusalem
ging ich heimatlos
und fand nach Haus

im Geheimnis

Mirjam aus Nazaret
nach deinem Tod getauft
auf den Namen Maria
mit den Gesichtern lieblicher Mädchen
vornehmer Frauen in Europa
in unsere Augen gemalt
kostbar gekleidet
auf die Altäre gehoben
Mirjam aus Nazaret
du bleibst in Geheimnis
gehüllt
Mutter Jesu, gewiß
von Mattäus und Lukas
mit Josef verlobt
dem Geschlecht Davids zuliebe
Messias-Erweis deines Sohnes
Markus, frühester Schreiber
ohne Rück-Sicht und Vor-Sicht
kennt den Sohn der Mirjam
der sich lossagt von Mutter
Schwestern und Brüdern
schroff weist dein Erstgeborener
dich zurück
auf der Hochzeit in Kanaa
schreibt Johannes
gibt unterm Folterpfahl dir
einen anderen Sohn

Mirjam aus Nazaret
du bleibst
in Geheimnis gehüllt

Mirjams Botschaft

setz dich zu mir
und bleibe in der Zeit
du bist seit langem äußerlich nur hier
ich fühle dich entzweit
von vielem
was uns einte

koste, mein erstgeborner Sohn
mit mir den neuen Wein
ich träume lange schon
ganz eigne Träume
geh weite Wege ungeschützt allein
seh Brunnen, Bäume, Kreuze, Stein
und eine Sonne
die am Mittag weinte

doch einmal warst du
mir im Traume nah
hast dich an meine Brust gelehnt
wie einst als Kind
dich unvermittelt losgerissen
als hielte ich dich unerbittlich fest
weshalb mir dieser Schmerz geschah?

was unser Herz ersehnt
vielleicht keimt es aus Finsternissen
vielleicht läßt Gott uns später wissen
daß Träume seine Boten sind

Wein der Liebe
Joh 2,1–12

Hoch-Zeit: Fest des Anfangs für ein lebenslanges Miteinander von Frau und Mann. So haben es die Elternpaare, wie es im jüdischen Leben üblich ist, für Sohn und Tochter geplant. Der Ehevertrag ist geschlossen. Nun sollen sich viele mitfreuen. Das ganze Dorf ist eingeladen, auch Jeschua und seine Jünger und Jüngerinnen.

Hoffen auch die beiden jungen Menschen auf eine lebenslange Liebe und Treue? Muß die Braut bang sein, weil nach mosaischem Recht der Mann seiner Frau den Scheidebrief geben kann, wenn er aus irgendeinem Grunde das gemeinsame Leben nicht mehr fortsetzen will? Eine andere Bangnis regt sich vielleicht in ihrem Herzen: Wie wird sie sich im Haus ihrer Schwiegereltern einleben? Werden sie ihr freundlich begegnen?

Jetzt sitzt die Braut, festlich geschmückt unter dem Baldachin, umgeben von ihren weißgekleideten Freundinnen, und singt für den wartenden Bräutigam aus dem Hohen Lied: »Er küsse mich mit dem Kusse seines Mundes; denn seine Liebe ist lieblicher als Wein! Zieh mich dir nach, so laufen wir.« Der Bräutigam kommt auf sie zu und singt: »Sieh, meine Freundin, du bist schön, wie schön bist du!« Mit weiteren Versen aus dem Hohen Lied lobt er ihre Schönheit. Körner werden vor dem Paar auf den Boden geworfen oder ein Granatapfel zerdrückt, damit die Ehe fruchtbar werde. Dann wird ein Segen gesprochen von einem Verwandten, die Ehe ist geschlossen.

Das schon am Morgen begonnene Fest strebt an diesem Tag seinem Höhepunkt zu. Männer und Frauen sitzen nun gemeinsam um den Tisch. Das Festmahl, aus vielen Gängen bestehend, wird aufgetragen, der köstliche Wein eingeschenkt. An nichts wird gespart. Hoch-Zeit!

Jesus mit seiner Schar feiert fröhlich mit, und seine Mutter Maria ist auch unter den Gästen. Vielleicht kennt sie die Brauteltern gut. Vielleicht ist die Mutter des Bräutigams ihre Freundin, und so erfährt sie von der erschrockenen Hausfrau: »Ich bin in großer Verlegenheit, Mirjam, unser Wein geht zu Ende. Die Gäste bleiben noch lange, und es soll doch an nichts fehlen. Alle sollen sich an die Hochzeit gern erinnern. Wir sind nicht geizig. Ich kann mir das nicht erklären.«

Wie soll Mirjam helfen? Vielleicht hofft sie, ihre Freundin Rahel vor der Blamage retten zu können, indem sie - ihrem Sohn von der Verlegenheit erzählt. Er sitzt in lebhaftem Gespräch in einem lustigen Kreis. Sie tritt heran, legt ihm die Hand auf die Schulter, er wendet sich um, und leise sagt sie: »Jeschua, sie haben fast keinen Wein mehr vorrätig. Rahel hat es mir gerade erzählt.« Vielleicht weiß er ja Rat. Er und seine Jünger und Jüngerinnen könnten langsamer trinken. Vielleicht könnte er schnell neuen Wein besorgen. Er kennt viele Menschen. Vielleicht kann einer seiner Schüler aushelfen. »Weib, was habe ich mit dir zu tun?« antwortet er merkwürdig schroff. Sekunden später fügt er ein wenig abgemildert hinzu: »Meine Stunde ist noch nicht da.«

Daß er so ungehalten reagiert, verletzt Mirjam. Spricht so ein jüdischer Sohn mit seiner Mutter? Und: » Meine Stunde ist noch nicht da« – was soll das überhaupt heißen? Sind ihm seine Gespräche in der heiteren Runde so wichtig, daß er nicht auf sie hören will? »Seine Stunde« – welch seltsames Wort. Sie versteht ihn in letzer Zeit öfter nicht. Seit er unterwegs ist, hat er sich sehr verändert. Ihn weiter zu bitten, ist wohl sinnlos. Das einzige, was sie jetzt tun kann, ist, Aufsehen zu vermeiden. Es soll keine Schwierigkeiten geben, falls ihrem Sohn Jeschua etwas einfällt, falls er irgendwelche Hilfe braucht, um zu helfen, zum Beispiel von irgendwoher den Wein herbeizutragen. Sie geht zu den Dienern und weist sie an: »Tut alles, was Jeschua euch sagen wird.«

Was später geschehen ist, erklären kann sie es nicht. Keiner kann das. Geheimnisvolles Wasser – er ließ es in die großen Krüge füllen und stand dabei, sah zu. Er forderte die Diener auf davon zu schöpfen und dem Speisemeister zum Probieren zu bringen – einem erfahrenen Mann.

Weshalb dieses Wasser allen wie der köstlichste Wein schmeckt, weiß sie nicht. Sie fragt auch nicht weiter danach. Sie dankt in ihrem Herzen Gott und freut sich, daß ihre Freundin Rahel von der Sorge befreit ist, daß alle fröhlich weiterfeiern können.

Während sie selber den Duft dieses Weines einatmet und den ersten Schluck genießt, denkt sie an den alten Weinstock an ihrem kleinen Haus, den sie selbst gepflanzt hatte, als Jeschua ein kleines Kind war. Wie oft hat er ihnen Trauben geschenkt; und ihr Sohn liebt diesen Weinstock. Das weiß sie. Wein der Liebe.

die Mutter und die Jüngerin

Mirjam aus Nazaret
wann
lerntest du
die Jüngerin deines Sohnes
Mirjam aus Magdala
kennen
nur Johannes, der literarisch Begabte
führte dich
mit ihr unter dem Kreuz
zusammen
der Ostermorgen erblickte dich
nicht
mit Mirjam aus Magdala und den anderen Frauen
am Grab
um den geliebten Toten zu salben

traf der Sterbende sich
auf der Brücke der Träume
mit dir
wieder gewiegt zu werden
auf deinen Schoß hast du ihn gebettet
in Nazaret
Liebe überwindet Trennungen

Mirjam aus Magdala gewann
durch Jeschua neues Leben
glaubte und liebte an seiner Seite
später
in Jerusalem
will ich glauben
nahmst du, Mutter Mirjam, sie mit
in dein Herz

Jüdische Schwester Mirjam,
seit Jahren versuche ich, mich an Dein Leben heranzutasten, an Dein Leben als Frau des jüdischen Volkes, als Du noch nicht den lateinischen Namen Maria bekommen hattest. Dein tägliches Damals läßt sich ablesen an zeitgenössischen Berichten, an Forschungsarbeiten aus Jahrhunderten bis zur Gegenwart, an Traditionen, die bis heute in jüdischen Familien gelebt werden; denn das menschliche Dasein in all seinen Ausformungen war und ist innig verbunden mit dem Glauben an Gott. Wo könnte ich dir, als einmaligem Menschen, näherkommen, als in der jüdischen Lebensgemeinschaft?

Allzulange wurde in der Christenheit verdrängt, verschwiegen, daß Du, daß Dein Sohn Jeschua, gläubige jüdische Menschen gewesen sind, beheimatet in ihrem Volk, in ihrer Religion.

Liebe Mirjam, in der vielhundertjährigen Glaubens- und Frömmigkeitsgeschichte des Christentums bist Du zu der Maria geworden, in der sich Hoffnungen, Sehnsüchte, Liebe und Vertrauen der verschiedensten Menschen gesammelt haben. Ganz vieles ist Dir von Kirchenvätern, von Kirchenlehrern zugeschrieben worden. Gleichzeitig haben Frauen in ihren besonderen Anliegen und Nöten in Dir die helfende Mutter gefunden, die sie notwendig brauchten.

Deinen Freuden und Schmerzen wurde nachgedacht. Sieben große Freuden werden Dir von außen angetragen, aus christlicher Sicht. Weshalb gerade sieben? Die Zahl Sieben besitzt nicht nur im Judentum, sondern auch bei anderen Völkern des Altertums, religiöse Bedeutung. In der hebräischen Bibel läßt sie sich an vielen Stellen finden. Sie taucht auch in den Evangelien auf, zum Beispiel bei der Jüngerin Maria von Magdala. Wir erfahren, daß Dein Sohn Jeschua Mirjam von sieben Dämonen befreit hat. Als Petrus Jeschua fragt: »Herr, wie oft darf mein Bruder gegen mich sündigen, und ich soll ihm vergeben? Bis siebenmal?« Jesus antwortete ihm: »Ich sage dir: Nicht bis siebenmal, sondern bis siebzigmal siebenmal.« (Mt 18,21–22) Sieben dürfen wir wohl nicht wörtlich nehmen, Mirjam. Es bedeutet eher: oft.

Ich frage mich auch mit meinen Lebenserfahrungen als Frau nach Deinen Freuden, Mirjam. Über die Zeiten hinweg einen uns – dessen bin ich sicher – Wahr-nehmungen des Glückes, der Freude, die in unserer weiblichen Mitte wurzeln. Ebenso gibt es freudige Empfindungen, die Frauen und Männer miteinander teilen. Weil männliche und weibliche Weltsicht vielfältige Unterschiede in sich birgt, ist es ja so not-wendig, daß beide Geschlechter an der Lebensgestaltung auf allen Ebenen verantwortlich miteinander wirken, daß also Macht geteilt wird.

Jeschua, den Du, liebe Mirjam, oft gar nicht verstanden hast, dem Dein Herz bang auf seinen unüblichen Wegen folgte, wußte das. Ihm waren Frauen auf seinen Predigtwanderschaften als Jüngerinnen willkommen. Aber das weißt Du selbst. Vielleicht hat es Dich damals sogar erschreckt.

Welche Freuden erfüllten Dein Leben, Mirjam, schenkten ihm Farbe und Licht? Auf die Zahl Sieben muß ich mich bei der liebevollen Suche nicht festlegen, so wenig wie auf Vollständigkeit. Die erreichen wir Menschen ohnehin nicht.

Ich hoffe, Dir nahegekommen zu sein, jüdische Schwester, geleitet von der heiligen Ruach. Ich lausche Deiner Stimme:

Mirjam spricht von ihren Freuden

Mirjam spricht von ihren Freuden

die Eltern bestimmten
dann sagten mir Josefs Blicke
»du bist schön, meine Freundin«
ich kehrte ein
in das zärtliche Haus
geschmückt und gesegnet
in Licht getaucht

als ich das andere Leben in mir
das kindliche, neue küßte
las Josef Freude in meinen Augen
und bettete uns in sein Herz
öfter als siebenmal

ich las in den Heiligen Schriften
wie wir jüdischen Mütter tun
freudig das Hannah-Lied (1 Sam 2,1ff)
Befreiung in Gott ist angesagt
Befreiung inmitten römischer Herrschaft
Befreiung, wo Macht und Reichtum bedrücken
Befreiung, wo Gott verkehrt wird zum Strafer
meinem Kind sang ich das Hoffnungslied
öfter als siebenmal

als ich unterwegs im Gebirge war
in der Stille
des doppelten Herztons gewiß
flog das Hannah-Lied vor uns her
zu Elisabeths Haus
oh, das Kind in ihrem Schoße
lachte und tanzte dazu

ich sang, von der heiligen Rûah
gestimmt
freudig das alte Lied neu

ich sang und singe noch heute
die göttliche Liebe, die Schöpferin
die schenkt und befreit
die barfuß geht mit den Armen
die ihnen Würde und Wert verleiht
auf dieser geschundenen Erde
die hier schon Wunden heilen will
mehr als siebenmal siebzigmal

ich singe das Lied mit den Frauen
den mutigen Ärmsten der Armen
wir singen für alle
daß Freiheit und Friede geboren werden
daß Freudensonnen auferstehen
ewig
und das heißt innig, ganz nahe

als ich meinen Sohn zum ersten Mal sah
ihn spürte an meiner Brust
sangen Engel Gottes
mein Freudenlied
küßte Josefs Liebe mich und das Kind
länger als siebenmal

wie könnte ich zählen
die Augen-Blicke
Freude und Trauer
Jubel und Angst

im Tempel, Jeschua auf den Armen
im Tempel Bar Mizwa unseres Sohnes
sein Fest des Lebens und Glaubens
danach verloren
scheinbar
und wiedergefunden
wie später in Jerusalem
dem Kreuzes- und Osterort

wie könnte ich wägen
unser Shalom
es hüllt sich die uralte heilige Zahl

die Maße der Liebe
sind göttlich

II.
Mirjam-Marias Gesänge

Liebe Maria,
seit Jahrhunderten begegnen wir an vielen Orten Bildern von dir. Meist sind es Künstler, nicht Künstlerinnen, die ihr Idealbild der Frau als Mutter, als Jungfrau, als kirchlich gekrönte Königin auf Leinwand, Holz und Mauerwerk gemalt, aus Stein gemeißelt, Holz geschnitzt, Bronze gegossen oder im Wort dargestellt haben. Du wurdest in Samt und Seide gekleidet, erhieltest die feingeschnittenen Züge vornehmer Frauen, denen wir ansehen können, daß sie das Kind auf ihrem Schoß nur für kurze Zeit von der Amme, die es stillt und betreut, ausgeliehen haben. Als Jungfrau mit der Lilie in einer Hand eignet dir der weltabgewandte Blick. Als Schmerzensmutter, deinen leblosen Sohn auf dem Schoß bergend, wird dir zugeschrieben, daß du mit der tödlichen Kreuzesfolterung einverstanden warst, und seit die kleine christliche Urgemeinde zur Staatsreligion aufstieg, haben dich Kriegsführer bis heute als tapferes Vorbild für die Mütter gefallener Söhne mißbraucht.

Es gibt auch andere Bilder, die deinem Leben im jüdischen Alltag näherkommen, Mirjam, auch, wenn du äußerlich in anderen Kulturkreisen und Zeiten beheimatet wirst. Ich denke an die Madonnen des Bauernbarock in fränkischen Dorfkirchen oder an Bilder flämischer Maler, die dir erlauben, dein Kind selbst zu stillen.

Am 8. Dezember jeden Jahres, Mirjam, feiert die katholische Kirche ein Fest, das mit deinem schlichten Leben vor 2000 Jahren so wenig zu tun hat wie mit unserem Dasein heute. Daraus ergeben sich Mißverständnisse. Mit deinem verfremdeten Namen, Mirjam, kam auch die für jüdisches Leben ganz fremde Vorstellung zur Geltung,

Gott habe an dir ein Wunder vollbracht, als in der liebenden Umarmung deiner Eltern dein Leben begann. Du seiest als einziges unter allen Menschenkindern ohne Makel der Erbsünde empfangen worden. Die viel zitierte Erbsünde, Mirjam, ist sicher keine Erfindung der göttlichen Schöpferin Liebe, sondern ein Erklärungsversuch von Kirchenvätern für das Böse, in das wir Menschen verstrickt sind. Es gibt ebenso umfangreiche wie unverständliche und sich widersprechende Erläuterungen durch die Zeiten hin, weshalb Adam und Evas Ungehorsam, wovon uns die Bibel erzählt, allen Menschen die Erbsünde eingebracht haben soll.

Ich bin davon überzeugt, daß jedes Kind, das empfangen wird, schuldlos ist, oder es gäbe keine göttliche Liebe.

Du, Mirjam, hast wie alle jüdischen Mütter deinen erstgeborenen Sohn Jeschua als Geschenk Gottes angenommen und aufgezogen. Daß er später andere Wege ging, als du erwartet und erhofft hast, bereitete dir Schmerz und Sorgen, wie uns Markus ohne Beschönigung wissen läßt. Nach diesem Evangelium hast du nicht Ja und Amen zu allem gesagt, sondern tatkräftig versucht, ihn vor vermeintlichen Irrtümern und Verfolgung zu schützen, aber ihn nie aus deinem Herzen entlassen. Spät erkanntest du Jeschuas außergewöhnliche Hingabe und Liebe Gott und den Menschen deines Volkes gegenüber, die sich dann auch den allgemein verachteten Heiden zuwandte.

Aber daß dein und sein Gott nicht der Gott der Reichen und Machthaber ist, sondern allen Armen und Bedrängten Befreiung. Leben und Freude verheißt, die offen sind für die Gotteskraft, die heilige rûah, hast du als jüdische Frau glaubend und hoffend gelebt. Lukas läßt dich dieses Befreiungslied singen, das Lied, das aus Versen des Hannah-Liedes und Psalmversen aus dem Ersten Testament gebildet ist. Das, Schwester Mirjam, gilt es weiterzutragen, weiterzusagen. Das wollen wir feiern. Darin bist du unser Vorbild. So wie du sind wir glaubend von dieser Gotteskraft belebt und getragen, trotz aller Ängste, aller Bosheit und Todeserfahrungen. Auch heute rufen wir sie in unser Leben:

ruach, komm auf unsre Zungen
löse Furcht und banges Schweigen
gib uns Mut zum Unmut ein
niemals mehr
wollen wir sprachlos sein

ruach, treibe unsren Willen
wecke Zorn und schenke Atem
gib uns Mut zum Werden ein
niemals mehr
wollen wir harmlos sein

ruach, küsse unsre Hände
stärke Kraft und Zärtlichkeiten
gib uns Mut zum Handeln ein
niemals mehr
wollen wir machtlos sein

Lobgesang der Maria heute

ein Lied blüht auf in mir
ein Lied fliegt dir entgegen
du Schöpferin der Liebe
mein Gott und mein Heil
denn du schenkst mir Würde und Selbstvertrauen

meine Stimme, mein Herz, mein ganzes Leben
bewegen sich hin zu dir
in Freude und Dank, in Hoffnung und Mut
ich breite die Arme aus
und tanze für dich

ein Lied blüht auf in mir
ein Lied fliegt dir entgegen
du Schöpferin Liebe
mein Heil und mein Licht
denn du schenkst mir Würde und Selbstvertrauen

du blickst mich an mit zärtlichen Augen
obwohl ich klein bin vor dir
und übersehen werde, wo Menschen bestimmen
du wohnst in meiner Mitte
du machst mich stark und frei

ein Lied blüht auf in mir
ein Lied fliegt dir entgegen
du Schöpferin der Liebe
mein Licht und mein Mut
denn du schenkst mir Würde und Selbstvertrauen

du nimmst die Armen an dein Herz
und holst die Ausgestoßenen heim
du leidest Gewalt mit den Schwachen
und richtest die Getretenen auf

die Namen der Machthaber kennst du nicht
die Reichen müssen den Hunger lernen
die Selbstgerechten um Obdach bitten
die Folterer ihre Taten durchschauen

ein Lied blüht auf in mir
ein Lied fliegt dir entgegen
du Schöpferin Liebe
mein Mut und mein Sinn
denn du schenkst mir Würde und Selbstvertrauen

solange Menschen auf deine Treue hoffen
werden sie sprechen von meiner Würde
werden dich loben, Schöpferin der Liebe
heiliges Leben, Quelle und Atem
und die Frauen, Schwestern in aller Welt
kleingemacht, benutzt und verspottet
singen mit mir be-geistert und frei

ein Lied blüht auf in mir
ein Lied fliegt dir entgegen
du Schöpferin Liebe
mein Atem und Heil
denn du schenkst mir Würde und Selbstvertrauen

Magnificat
im zwanzigsten Jahrhundert

I
Eurem Herrn
Ihr Herren der Kirche
Ihr Herren der Welt
singe ich kein Lied.
das Lob für euren Manngott
allmächtig
soll mich nicht länger ersticken

ich will meine Würde
wurzelnd im Schoss der Liebe
nicht als Hure verkaufen.
ich will mein Heil
nicht verschachern
damit ihr ungestört weiterregieren könnt
und mich ans Verdienstkreuz hängt
für den gewohnten Gehorsam.

die heilige Weisheit
den zärtlichen Urgrund
die Schöpferin Liebe
die Quelle des Heiles
die ewige Kraft
den heiligen Atem
bete ich an

ich singe dem Leben
das strömt, nicht mauert
ich traue der Liebe
die freigibt, nicht fesselt
ich danke der Güte
die aufbäumt, nicht kleinhält

Du Heilige-Heiliger tust an mir
was die Selbst-Herrlichen verhindern wollen:
Du lässt mich *schöpferisch* leben
alles, was Du mir gibst
darf *voll kommen*
werden

deshalb
erschüttern mich Freude und Glück
deshalb
leuchtest Du in unseren Gesichtern

II
Du nimmst den Mächtigen die Masken ab
und löst den stolzen Hofstaat auf
die Unterdrückten atmen frei
in Deiner Liebe
und richten sich zu voller Würde auf
Du pflanzt den Reichen Hunger ein
den Hungernden teilst Du dich endlos mit
in allen guten Gaben

Du Heiliger, Du Heilige
vereinst in Dir die Ohnmacht mit der Macht
umarmst verletzlich unsre Leiden, unsre Schuld
schaffst schmerzvoll, überquellend Leben
im Gebären

Du, jeden Namen sprengend und
auf tausend Namen wartend
erschliesst uns sterblichen Menschen
Dein Herz
der Tod, ein Verwandler
muss dienend uns leiten
in die Vollendung der Liebe

Mirjams anderer Gesang

mein Name ist Mirjam
heut singe ich ein anderes Lied für dich

nach Auschwitz, Hiroshima, Tschernobyl
deines sicheren Namens beraubt
gestört und erschüttert
dein dunkles Zentrum umkreisend
in meiner Sprachlosigkeit

ich singe das Lied im Lodern
der Scheiterhaufen
als deine Diener schamlos
die schuldlosen Hexen verbrannten
oh ihr Schrei der Verzweiflung
des Schmerzes
oh ihr ungehörter Gesang im Feuerofen

ich singe das Lied
der ungeschriebenen Klagen
von Frauen, Frauen, Frauen
die ihre Talente und Träume begraben
mussten zur Kinderzeit
die ungefragt fraglos dienten und dienen
die scheuerten, wuschen, kochten
dem Manne gehörten, die Kinder gebaren
die wuschen, kochten, scheuerten
die Kinder stillten, dem Manne gehörten
die kochen, waschen, scheuern
die Kinder erziehen, den Söhnen gehorchen
dem Manne gehören als Haupt- oder Nebenfrau
bis Krankheit sie scheiden oder der Tod

ich singe gestört und erschüttert
das Lied der ausgeplünderten Frauen
in engen Dienstbotenkammern
in allen Vergnügungsvierteln der Welt
das Lied der verkauften, gehandelten
geschlagenen und verführten Frauen
ich klage ein
das vernichtete Leben kindlicher Mädchen
von armen, hungergequälten Eltern
den Wölfen im Schafspelz anvertraut
oder verkauft
und in Bordellen der Luxusklasse
als Leckerbissen feilgeboten
der Geilheit geldschwerer Sextouristen

mein Name ist Mirjam
ich singe empört
den Missbrauch meines Dienstes für dich
den die Schuldner allmächtig und heilig nennen
und meinen Sohn Jeschua
den sie angeblich lieben und ehren

aus dem jüdischen Mädchen
das liebend vertraute
haben sie eine Sklavin gemacht
eine Willenlose
gegen angemasstes Herrentum
eine Wunschlose ohne Aufbegehren
als Mittel zum Zweck:

krümmt euch, Frauen!
kniet nieder, Frauen!
gehorcht uns, Frauen!
bittet uns, Frauen!
entfaltet euch nicht zur Fülle!
verstümmelt eure Talente!

mein Name ist Mirjam
heut singe ich ein anderes Lied für dich
ich hole das angstvolle Flehen
die stummen Schreie
verzweifeltes Stöhnen
das würgende Entsetzen
aus den geschundenen Körpern
aus tödlich verletzten Seelen
weiblicher Kinder auf meine Zunge
dass alle, alle
es hören

ich zersinge die fromme Tarnkappe
männlicher Macht
mein Lied sprengt los die sorgsamen Fassaden
legt bloss das sündige Besitzrecht
der Ehemänner und der Väter
löst das widergöttliche Schweigegebot
für zerstörte Mütter und Töchter
auf

die weiblichen Wundmale werden
offenbar

mein Name ist Mirjam
ich singe gegen den Machtgott
den sich Erinnerungs-Ängste der Männer
den sich Eroberungswille und Herrschergeist
erschaffen haben
ich singe dem Gott meines Sohnes Jeschua
der verdrängten Schöpferin Liebe
der göttlichen Barmherzigkeit
die Mutterschoss bedeutet
ich singe ihrer Auferstehung
aus dem kirchengesetzlichen Grab

ich singe unsrer Wiedergeburt

Mirjam aus Nazaret

junge jüdische Mirjam
mit dem neuen Leben
begabt
wirst du in Schande
fallen
niemand
kennt das Geheimnis
wer dich erkannt hat

ein sehr Geliebter vielleicht
den du nicht heiraten kannst
Sohn eines Priesters vielleicht
oder
junge jüdische Mirjam
ist dein Sohn
Kind der Mütter
der heiligen rûach und dir?

junge jüdische Mirjam
in deinem Namen erwachen
Pauke und Reigentanz
deine prophetische Glaubensmutter Mirjam
schickt dir auf die Zunge
ihr Freiheitslied
das sie am Schilfmeer sang
von heiliger rûach erfüllt:

»singt der Weisheit
singt dem herrschenden Sein
hoch erhaben und innig schöpft
die göttliche Kraft
Roß und Reiter verwandelt sie
im Meer«

Marias Lobgesang

Ref.
mein Loblied für Gott
ist ein Menschenlied
singt es mit
daß heute Befreiung geschieht
singt es mit
für Menschen nah und fern
singt es mit
für die gute Erde

Gott will, daß jetzt das Heil beginnt
laßt uns das Brot vermehren
für alle, die Hunger leiden

Gott will, daß jetzt das Leben gewinnt
laßt uns die Kranken heilen
an Orten, die Hilfe brauchen

Gott will, daß jetzt die Würde besteht
laßt uns die Arbeit teilen
mit allen, die darauf warten

Gott will, daß jetzt der Friede erblüht
laßt uns der Liebe dienen
mit offenen Händen leben

Verwerfung des Magnifikat

dich blindsehen viele weiter
mit blondem Haar und
Blau-Äugigkeit
bauen dir ein ihr
Tonband
Einwort-Schatz
jajajajaja
allein deine Platzwunden
schreien
dein Herz auf der Flucht aus
den Augen
erschossen
ihr heiliger Kriegs-Schau-Platz
ist dein
Schoß

III.
ich suche dich nicht stumm
auf den Altären

Mutter Gottes aus Afrika

unter schweren Lidern hervor
wandert dein Blick
auf uns zu
holt uns ein

du
bleibst nicht mit dir allein
du
leidest das Leben der Armen
du
willst ihnen Mutter sein
wie dem Kind
das geborgen im Schultertuch ruht
morgen
auf eigenen Füßen
erspürt es
Blumen und Steine der Erde
wie du auf den Knien
unbegreifliche Wege geführt
von deiner Liebe begleitet
ruht es am Ende
auf deinem Schoß

der dich aus glattem Ebenholz
schnitt
dir
dem Kind
den Geschlagenen
nah
teilt den Bereiten geduldig mit
wie er dich und sein Volk
beladen und schön
unter dem Kreuz der Hoffnung
sah

Schwarze Madonna 1977

Ich bin mehr
als eine Figur aus Ebenholz –
garantiert afrikanische
Handarbeit
(für Hungerlöhne).
Ich bin mehr
als ein exotischer Schmuck,
der die Hautfarbe Schwarz
erträglich macht.
Ich trage mit meinem Kind
die alten Narben und Wunden,
die noch bluten.

Mein Kind habe ich
im Getto Atlantas geboren.
Nach Harlem
mußten wir flüchten.
In Nigeria,
Rhodesien,
Uganda
und
hungern wir weiter
nach Menschenwürde,
Brot und Frieden.
Soweto brennt uns
die Herzen aus.
Und in der Stille
nach Schüssen und Schreien
glimmen die Zündschnüre
weiter.

Josef
hängt noch im Stacheldraht,
um uns zu retten.
In Brüssel, Helsinki,
Köln, Paris
und
klopfte ich vergeblich an.

Werdet *ihr*
wie bisher
Menschenwürde,
Frieden
Gerechtigkeit
spielen?

Die Könige kommen nicht

Unter dem Wellblechdach
versucht der Mann
die flackernde Funzel
vor dem Erlöschen zu schützen.
Dem Wind,
der die Löcher findet,
dem Regen,
der auf den Lehmboden tropft,
kann er nicht Einhalt gebieten.

Als die Frau plötzlich aufschreit,
weil der Schmerz sie zerreißt,
als sie weint,
weil es stumm bleibt
zu ihren Füßen,
lacht der Mann laut und flucht
in Verzweiflung und Zorn.
Das geschieht so oft
an den wundenbedeckten Hügeln
der Stadt,
jenseits
der stolzen Straßen.

Nur José und Maria
von nebenan,
aus der Bretterbude,
erreicht die Verkündigung
dieser Nacht,
und sie treten
unter das Wellblechdach.
Maria kniet nieder
und wickelt den toten Sohn
in Lumpen.
Sie hat keine Tränen mehr.

Die Könige unserer Zeit,
verstrickt in die Händel
um Macht und Geld –
wie die meisten zu allen Zeiten –
die Könige unserer Zeit
kommen
nicht.

anderes Wiegenlied

(Verbreitungsgebiet: Länder der
Europäischen Wirtschaftsgemeinschaft
entstanden um 1970 n. Chr.)

Wäre die Armut der Armen, Maria,
damals so sicher gewesen wie heut,
damals in Betlehem,
damals in Nazaret,
hättest du nicht unterm Kreuzbaum
geweint.

Kleine Kinder, Maria,
wiegen leicht auf dem Schoß,
wenn sie verhungert sind
an unsern Milchpulverbergen,
kleine Kinder, Maria,
wiegen schwer auf dem Schoß
wie dein Sohn.

Fern dem verheißenen Land,
wo die Milchströme fließen, Maria,
wurde geweint
in der Wüste und an den Flüssen
von Babel

Aus der Vernichtung Sodoms gerettet,
in den Trümmerwüsten gespeist,
heimgeführt in das Land,
wo die Milchströme fließen,
leben wir Sodom und Babel,
teilen die Wüsten zu
und weinen nicht.

Satt, übersatt des süßen Strömens,
trocknen wir die Brüste der Mütter aus,
pressen die Milch zu Quadern,
türmen sie kühl hinter eisernen Türen.

Unsere Herden verlassen wir nicht, Maria,
um dem Kinde Milch und uns selbst
zu bringen,
unseren Herden erwecken wir Quellen
aus den Milchpulverbergen,
mästen sie mit kindlichem Tod
für unseren Bauch.

Wieg' die verhungerten Kinder, Maria,
wieg' sie an deiner Brust,
wieg' zugleich unsre Herzen,
eich' sie mit deinem gekreuzigten Sohn,
daß unsre Milch sich seinem Ausströmen eine
und die Lampen zur Hochzeit fülle

empfangen von heiliger rûah
Lk 1,30.31.34,35

natürlich ist es ganz anders, Maria
als du es erlebtest
die Ebene stimmt nicht
und nicht nur die
Entsetzen brach ein
nicht nur Schreck
der Bote fiel aus
das Licht hatte keine Macht

ungegrüßt und grußlos
ungefragt und fraglos
ungeliebt und lieblos
geschah es
ohne Wort

sie konnte nicht schreien
der eindrang, getrieben von welchem Geist
nicht erkannt
verwundete schwer

sie empfing in der Zerstörung
fünfzehnjährig
und verstört blieb sie zurück
auf dem Heimweg vom Tanz.
er ließ sie doppelt am Leben
oder du, unser Vater
verkündigt von Jesus
der empfangen wurde von heiliger rûah

»Gott schuf den Menschen nach seinem Abbild
als Mann und Frau erschuf er sie.
Gott sah alles, was er gemacht hatte
und er sah, daß es sehr gut war.« Gen. 1

sie stand auf, betäubt
fand die Umhängetasche
wischte Blut von den Beinen
und schleppte sich fort –
nichts merken lassen!
sie schreit oft im Schlaf
sie braucht Hilfe, Maria
jetzt, jetzt, jetzt!
eine Todesstunde blättert sich auf
eine ungeborene
aber hier
wer könnte sie hier nicht begreifen
in Trauer begreifen

Empfängnis ist jedes Mal anders, Maria
jede Frau, jeder Mann
ein unnachahmlicher Mensch
jeder Augenblick unwiederholbar
und doch

verzücktes Einssein in Gottes Nähe
Neugierde
Routine
Enttäuschung
Ausbeutung und
Gewalt
tragen Ei- und Samenzelle zusammen
erschaffen

daß noch die Verkehrung der Liebe
solches vermag –
jedes Mal
ob verdunkelt, verzerrt, mißbraucht
empfangen von heiliger rûah

dich traf es nicht hilflos
das Ansinnen Gottes
junges Mädchen Mirjam in Nazaret
im Glauben sichtbar
jahrtausendgeführt
fand zu dir die Lichtbahn
aus Abrahams Stern –
Gewalt einer Liebe
uns alle umfangend
kommt zu dir gewaltlos
sucht uns als Kind

du mußt dich entscheiden
wie groß ist dein Freiraum?
die Gnade lastet
seit Abrahams Tagen
die Gnade schafft Weite –
wie er mußt du ziehen aus allem Vertrauten
empfangend die Liebe verlierst du den Boden
nichts Greifbares stützt dich
nichts als das Wort
dir hat es genügt

wir grüßen dich, Mädchen Maria
Begnadete, Mutige, Glaubende
wir grüßen deinen Sohn Jesus
wir grüßen euch eins in heiliger rûah

Mutter Jesu

sag uns Frauen, wer du wirklich bist

Mutter Jesu,
junge Frau aus dem Volk der Juden
Mutter Jesu
stille Frau mit dem Kreuz im Herzen
Mutter Jesu

das Kind getragen, zur Welt gebracht
das Kind gestillt an der Brust
den Weg, das Ziel nicht gewußt

sag uns Frauen, wer du wirklich bist …

das Kind begleitet, das Kind geliebt
dem Sohn gedient und dem Mann
bis sein fremder Weg begann

sag uns Frauen, wer du wirklich bist …

ein Wort im Herzen, ein fernes Lied
von Gott gehört, der befreit
gestaunt, gefragt und bereit

sag uns Frauen, wer du wirklich bist …

das Leid getragen über den Tod
den Sohn gewiegt auf dem Schoß
gespürt, die Liebe ist groß

sag uns Frauen, wer du wirklich bist
Mutter Jesu
junge Frau aus dem Volk der Juden
Mutter Jesu
stille Frau mit dem Kreuz im Herzen
Mutter Jesu

du findest deinen Sohn im Tempel wieder
Lk 9,41–43,45,46,48,49

sooft ich kniee im heiligen Raum
sooft ich die Frohe Botschaft erwarte
sooft ich bitte und frage
sooft ich suche im pilgernden Zug
zum heiligen Brot
ich finde sie nicht wieder
auch die Nischen bergen sie nicht
und die hintersten Plätze haben sie nicht
gesehen

drei Töchter, Maria
junge Frauen, gesund und klug
mit Anmut begabt
der Liebe wert
drei Töchter
sie kennen das Haus des Herrn, des Vater unser
des Bruders und Freundes Jesus;
wir haben sie vertraut gemacht mit ihm
so hofften wir als Mutter und als Vater
zuerst auf unsern Armen, an die Brust gebettet
auf unserm Schoß gehalten
und später an der Hand, an unsrer Seite;
sie blickten sich mit wachen Augen um
lebendig, unbefangen
sie fragten, wir versuchten Antwort
hier und am Tisch daheim
was glaubten, fühlten, liebten, lernten sie?

die Seele ist ein Land
das jeder nur allein betreten kann

sie sagten selber ja und nein
sie trauten dem Versprechen
die Kirche wolle, daß sie mündig leben
die Fragen wurden absolut
der Anspruch ebenso
am Worte deines Sohnes nachgemessen
Maria, Mutter Jesu

drei Töchter und mit ihnen viele junge
Menschen brauchen Brot
und werden abgespeist mit Formeln
suchen Leben und werden totgeschwiegen
bieten Fantasie der Herzen an und
ihre schöpferischen Kräfte und
werden an Vergangenes gefesselt
das die Vergänglichkeit verdient.
die Menschen sollen für Gesetze leben und nicht
Gesetze ihrem Leben dienen.
dem Leben dienen wollen unsre Töchter
und es erobern
sie leben unbedingter und ehrlicher als wir
wo sie ihr Herz verstümmeln sollen
ihr Denken und ihr Suchen ausgebürgert wird
verlassen sie

Verwaiste sehnen sich nach neuer Liebe
die ungestillte Sehnsucht nach Gemeinschaft
nach einer Heimat, die sich nie verliert
kann blind für tödliche Verführung machen
im Hause deines Vaters, Jesus
begegne ich seit Jahren keinem meiner Kinder
die Trauer
sollte Todesängsten weichen

Christina, zarteste der Schwestern
Musikstudentin
begabt, empfindungsreich und suchend
erlag, dem Heimweh ausgeliefert
dem skrupellosen Seelenhandel.
sich selber ganz entfremdet
ging sie als Straßenmädchen
für den »großen Meister« Geld verdienen
betrogenes, benutztes, vergewaltigtes
»Kind Gottes«
uns mußte sie aus ihrem Herzen reißen
uns Teufelsdiener, auf der Lauer
sie in die Hölleneinsamkeit zu ziehen

als ihr den Sohn im Tempel wiederfandet
an einem Frühlingstag
stieg ein Erinnern auf an seine erste Weihe?
Maria, neigte sich ein warmer Wind
zum lilienblauen Feld
auf eurem Heimweg mit dem Sohn
und sang dein Herz noch einmal
das Magnificat?

ein Frühlingsmorgen auch bei uns
ermutigt
bricht durch Dauerfrost der Hoffnungskeim
die Trennungsjahre bücken sich.
ob schon die Zeitungsfrau vorbeigekommen ist?

die Nachricht vor der Tür:
ein Bündel
ein Bündel Haut und Knochen
ein Bündel Angst und wirrer Worte
ein Bündel totgetretener Liebe.
Christina, Tochter
laß dich wiederfinden –
Maria, Mutter, Jesu, ob es geschieht?
oh Gott, laß sie und alle
die sich selbst verloren haben
die Mitte wiederfinden

und wenn kein Schritt sie bringt
kein Weg sich öffnet
wenn wir sie nirgendwo erreichen
können
du findest sie
du trägst sie in ihr Haus und deines

vielleicht, oh Gott
ich *muß* es hoffen
sind wir dabei

ich suche dich nicht stumm auf den Altären

I

ich suche dich nicht
stumm
auf den Altären, Maria
von Männerhänden in die Form gepreßt
nach ihrem Bilde
ich zweifle deine goldnen Kleider an
und deinen überirdisch weißen Schleier

ich hole dich aus dieser Leichenstarre
die Kerzenflammen, Blumenkelche
uns verbergen sollen
dich, schöpferische Jungfrau
dich, liebesstarke Frau und Mutter
dich, Leiderfahrene

Mirjam-Maria:
der Seher Simeon
sah er dein Leid voraus
Jahrhunderte nach deinem Tode
bis in unsre Tage?
entfremdet
deinem Mensch-Sein
deinem Frauenleben
geschieden von der Freiheit und der Würde
die du uns allen freudig sangst
in Gottes Namen
läßt dich der Schmerz nicht los
mißbraucht zu werden
als heilig-weiße Fessel für uns Frauen?

Maria-Mirjam, Schwester
gnadenvolle
Maria-Mirjam, Mutter Jesu
du leidest in dem Leben
das wir hoffen nach dem Tode
Verletzerin zu sein der Liebe
die Frau und Mann ins Schöpferische schwingt

die dich gefangensetzen auf Altären
damit du Huld empfängst
verwenden goldne Dornen für die Krone
dich haben sie als Mensch verstümmelt
uns geißeln sie in Gottes Namen
mit deiner festgelegten Makellosigkeit

Maria-Mirjam
wie verarmt sie sind
sich fürchten
vor der Liebe
die sie verwandeln möchte
in Bewegung
in Strömen, Wehen, Weite
Heiligkeit

wie sie sich rüsten
gegen Liebe
die ihren Augen Sehkraft schenken möchte
sich zu durchschauen
um dich zu finden und
zu lieben
auf deinen Wegen in der Welt

II

jüdische Mirjam
Frau des jüdischen Arbeiters Josef
Mutter des jüdischen Arbeiters Jeschua
des ungelehrten und armen Wanderpredigers
im Besatzungsgebiet der Römer
im gesicherten Machtbereich der Priesterhierarchen:
jeder Tag verlangte Entscheidungen von dir
jeden Tag bedrängte dich das tägliche Brot
jeden Tag bestand deine Liebe zu Sohn und Mann
jeder Tag verdankte sich heiliger rûah

jüdische Mirjam
Erschrecken hat dich ergriffen
als den erstgeborener Sohn sein Wanderleben begann
dein Staunen und dein Fragen
den mütterlichen Stolz
dein Lieben und dein Hoffen
durchtränkten Angst und Trennungsschmerz
an deinem Glauben nagte Unbegreifliches
das Kreuz warf seine Todesschatten über dich
im Sonnenstrahl
im sanften Licht der Nacht
du hättest vor dem Foltertod den Sohn
wie alle Mütter
in deinem Leib beschützen wollen
du mußtest alles Schreckliche geschehen lassen

III
Maria-Mirjam
du lebst mit uns
Maria braucht Gummistiefel
im stinkenden Sumpf der Favela
ihre Füße sind wund und geschwollen
sie hat den weißen Schleier
zu Windeln zerschnitten
das Blattgoldkleid dem Trödler verkauft:
Festtag für ihre sechs Kinder
einmal genug zu essen

tagsüber
sammelt Maria Altpapier
in den breiten Straßen der Stadt São Paulo
ihre Füße sind wund und geschwollen
der Bus zwischen Hungerleiden und Reichtum
ist unbezahlbar für sie

abends
bangt Maria im Bretterverschlag
ob ihr Erstgeborener heimkehrt in die Favela
vom Betteln und Abfällesammeln
dreimal wurde er, ein schmächtiger Junge
12 Jahre alt
von Polizisten gepackt, geschlagen
gefangengenommen
und eingesperrt bei der FEBEM
dreimal erkennungsdienstlich behandelt
entfernt als Schandfleck im Straßenbild
das Kinderelend vom Staat kaserniert und
verschärft
ein Rachefeldzug an kindlichen Opfern
politischer Schuld

nachts
weint Maria um ihre Tochter Dolores
das Kind ohne Kindheit
legt seine elf Jahre in dunkle Ecken
und läßt sich von Männern verletzen
um nicht
sofort zu sterben
das Kind ohne Kindheit
sucht seine Träume
im Rausch aus der Kleisterdose
um nicht sofort
die Adern aufzuschneiden

IV
Maria
du darfst nicht länger ertragen
die Furcht vor dem Mann
du darfst nicht länger erdulden
daß er sein mißglücktes Leben
in dich hineinschlägt
bis er zusammemsackt und
mit dir weint
dein Mund weiß nichts von Küssen
er blutet blinder Wut hinterher
deine Brüste und dein Rücken
ersehnen
vergeblich zärtliche Hände
entstellt von Fäusten
kriechst du in dich hinein
geduckt
begegnest du dem Tag

Maria
wer hat das Lied deiner Freiheit und Würde
in dir vernichtet?
wer schuf aus dir die Magd
die schweigt und duldet?

steh auf
nimm deine Kinder und fliehe

V
sie haben dich tausendmal gefoltert
Maria
verkuppelt mit schwarzen Gedanken
und dann
auf dem Scheiterhaufen verbrannt
gefesselt an ihre Kriegerfahnen
traf dich in jedem Toten
ihr Schwert
da lobten sie dich
für das Blut ihrer Feinde
da dankten sie die für
geschändete Nacken
unter den Siegerstiefeln
die Beute an Kindern und Frauen

doch allen
gehörst *du*
als Jungfrau
gefahrlos
verhimmelt
enthimmelte Frau

VI

brutale Macht kennt ihr
beide
du, Mirjam aus Nazaret
du, enteignete Göttin
Inanna, Nut, Isis, Aschera, Artemis
Vielnamige
ehe
der Manngott ward

in deine Tempel
göttliche Frau
zog Mirjam ein, zur Maria erhoben
eine Jungfrau wie du
eine Mutter wie du
eine weise alte Frau wie du
dreifaltige Erbin
der du deinen Sternenkranz reichtest
den Himmel um die Schultern gabst
die Mondschale unter die Füße legtest
die Schlange als göttliches Zeichen zur Seite
als die Priester noch feilschten
um ihren Rang und
dem Vater allmächtig
die Krönung
erlaubten

VII

später Aufgang meiner Augen
du heilige Weisheit, weibliche Kraft
du in Maria und mir
du in Eva, in all ihren Töchtern
du in Vätern und Söhnen verleugnet
bekämpft und herbeigesehnt
du Leben und Segen spendend

jungfräulich
wollen wir leben aus unsrer kraftvollen Mitte
befreit und dankbar
wollen wir feiern der Liebe
die heilige Schöpfungsgabe
behutsam bewohnen
die göttlich durchatmete Heimat der Erde

Schmerzhafte Mütter

der kreuzgefolterte Tote
auf deinem Schoss
Maria
ein Sohn im Meer getöteter Söhne
rechtlich gesicherte und gerechte Tode
die Töchter zählten, zählen nicht
so wenig wie verwaiste Mütter
deine Denk-Male müssen die vielen
empfangen

totgeboren im vierten Monat
mein Kind
ich sah es
Mensch von Anfang an
fällt es zu
dem Abfalleimer
gestorben, nicht begraben
kein Erdrecht, Maria

aber Anna
siebzehn Nichtlebensjahre verzweifeln
allein zurückgelassen
sie ertrug nicht
ihr Kind
in der neunten Woche trieb jemand es ab
sie sah es nicht
aber
jemand trieb sie dem Strafrecht zu
Mensch von Anfang an
weiss der Richter
mit Erdrecht

P rotest anstelle fruchtloser Klage
I ch diene nicht länger als Ruheort für Gemordete
E ine Anklägerin aller Gewalt will ich sein
T ätern und Handlangern falle ich in den
A rm

kennst du sie?

wir waren arm, Maria
wie du
wir schufteten für das tägliche Brot
die Nächte kürzten sich
wir waren reich, Maria
wie du
die Kinder wuchsen auf und
lachten bis
die Soldaten kamen

ich bin allein
für meinen Mann hab ich
das Grab geschaufelt
wie meine Nachbarinnen
das Blut von meinen Leib gewaschen
aus meinem Herzen nicht

die Kinder, wüßte ich, Maria
wie du
wo sie geblieben sind
ich fürchte
sie werden vernichtet
zu Tötungsmaschinen
hast du von Kindersoldaten gehört?
kann sein
morgen schlagen sie an die Tür
kennen nichts außer Mordbefehlen
ich brenne
gib mir Augentau, Mirjam-Maria, und
suche meine Kinder

IV.
wir grüßen dich

Marienlob

Maria
trug den Königsmantel nicht
den fromme Liebe
um sie legte
im Kleid der armen Frauen
Israels
hat sie den Sohn begleitet

zu ihrer Krone
wölbte sich das Ja
dem Engel anvertraut
als Gott sie rief
unwiderruflich eingelöst
bis Golgota

ganz schön bist du
Maria

Ave Maria junger Menschen

Ich stelle mir vor, Maria
dass du jung warst
lebendig
und voller Fragen.
Dass beim Wasserholen dein schwarzes Haar
im Winde wehte,
dass du mit den anderen Mädchen
am Brunnen lachtest,
deine Träume und Wünsche erzähltest,
und dass deine dunklen Augen
heimlich
den Jungen des Dorfes folgten.

Du wurdest mit Josef verlobt.
Ob du glücklich warst,
wissen wir nicht,
doch du maltest dir sicher
dein Leben aus wie bei andern:
Die Hochzeit,
das Einssein mit Josef,
Kinder, Arbeit, Nachbarn, Feste –
alles im Glauben an Jahwe
geregelt.
Doch *Er* klopfte plötzlich an.
Du liessest ihn ein und
alles
hat sich geändert.

Ich stelle mir vor, Maria,
dass dir oft elend war
nach dem »Ja«,
dass du es am liebsten zurückgeholt
hättest, auch später,
als keiner mehr über
eure »Voreile« klatschte;
auch dann,
als Jesus erwachsen wurde.
Dass du durchgehalten hast, Maria,
ich staune!

Wenn ich dich so vor mir sehe,
Maria,
als Mensch,
der sein »Ja« immer mühsam
erneuern muss,
hast du mir vieles zu sagen.
Ich grüsse dich, Maria,
Mädchen aus Nazaret und
deinen Sohn,
Jesus.
Ich grüsse dich,
Mutter Gottes!

Rosengeheimnisse

Rosengeheimnisse kreisen in mir
weither aus den Kindheitshecken
gepflückt
Küssen verdankt und Tränen
ausgesät in der ersten Stunde und
vom Tod

gegrüßet bist du
die ihre Erde göttlicher Liebe gab
die ihren Rosenschößling wachsen ließ
und beschützte
die ihn trug durchs Gebirge bis Betlehem
und die Knospe der heiligen rûah schaute
Jesus

Rosengeheimnisse blättern sich auf
tauumkränzt
rot wie Blut
mondmilchgesättigt
Duftadern ziehen zartes Gezweig
aus dem Kelchgrund zur Wölbung
offenbar bebt die verletzliche Mitte

gegrüßet bist du
die dem Rosenstrauch Wasser trug
heiße Sommer hindurch
ihn bedeckte im beißenden Frost
die aus unbegreiflicher Ferne
Erblühen und herben Duft
einsog ins Herz
die das schreckliche Austropfen trank
ihres Sohnes
Jesus

gegrüßet bist du
die den Zerrissenen wiegte
die blutenden Rosen betaute
seine Ausgestreuten zusammenband
sich von der Rose des dritten Tages
durchdringen ließ
ihre Feuerzeichen empfing
heimgeholt wurde
durch ihren Sohn
Jesus

um den magnetischen Kreuzungspunkt
Leben aus Tod
kreisen in mir Rosengeheimnisse

Maria, ich nenne dich Schwester

Maria, ich nenne dich Schwester
ich sehe dein junges Gesicht
ich spüre dein Sehnen und Träumen
wir trauen gemeinsam dem Licht
wir tragen gemeinsam das Wort der Verheissung
wir bringen es zur Welt

Maria, ich nenne dich Schwester
ich sehe dein Frauengesicht
ich spüre dein Fragen und Handeln
wir trauen gemeinsam dem Licht
wir tragen gemeinsam das Wort der Befreiung
wir bringen es zur Welt

Maria, ich nenne dich Schwester
ich sehe dein müdes Gesicht
ich spüre dein Dienen und Leiden
wir trauen gemeinsam dem Licht
wir tragen gemeinsam den Preis der Befreiung
wir bringen ihn in die Welt

Maria, ich nenne dich Schwester
ich sehe in deinem Gesicht
die Würde und Hoffnung der Frauen
wir trauen gemeinsam dem Licht
wir singen gemeinsam das Lied der Befreiung
wir tragen es in die Welt

Wir grüßen dich, Maria

Wir grüßen dich, Maria,
unsre Schwester und Freundin.
Du bist voller Hoffnung und Leben,
du bist mit Gnade gesegnet.
Gott ist mit dir und mit uns.
Du bist gelobt unter den Frauen,
weil du Gottes Stimme gehört
und dich für die Liebe entschieden hast.
Gelobt ist dein Sohn, Jesus.

Stehe uns bei,
Schwester und Freundin Maria,
Mutter Jesu,
daß wir uns als Töchter Gottes
entscheiden für die Liebe

Amen

Maria

Wir holen dich aus dem luftleeren Raum
in das tausendfache Leben
hier teilst du mit uns
den heilenden Traum
den Traum von Einheit und Liebe
den Traum von Freiheit und Schöpfungskraft
Frau mit uns Frauen, Maria
umarmend
Erde und Himmel

ich grüße dich

Schwester Maria
du lebst als Frau
aus der Kraft deines Herzens
du lebst als Frau
aus Gottes heiliger Kraft
du läßt dich berühren
von Sehnsucht und Liebe
du läßt dich berühren
von Ängsten und Schmerz
du öffnest Enge und Herrschaftswahn
du öffnest neue Wege
die göttliche rûah
ist mit dir

nicht nur 1991

ave Maria
wenn du mich liebreich grüssen würdest

du bist voll der Gnade
als ledige Mutter
aber ich bin schwanger
in schwerer Sünde, sagen die Priester

der Herr ist mit dir
aber mich hat der Herrfreund
im Stich gelassen

du bist gebenedeit unter den Frauen
aber ich werde ausgelacht und heimlich verachtet
bin unten

und gebenedeit ist die Frucht deines Leibes
aber meine Hoffnung und Sehnsucht
sind fruchtlos geworden

heilige Maria, Mutter Gottes
ich hab heil-lose Angst, eine Mutter zu sein

bitte für uns Sünder
helfen kannst du mir ja doch nicht
so weit entfernt
so leblos heiliggesprochen

jetzt
brauchte ich das so nötig

und in der Stunde unseres Todes
ist es für mich und das Kind
zu spät
ave Maria
ich weiss kein Amen

Feuer – Element, ohne das wir nicht leben können. Feuer – Wärme und Licht. Feuer – Geheimnis, in das wir uns hineinträumen, wenn im Kamin, wenn hinter dem Sichtfenster eines Kachelofens Flammen sprühen, die Glut leuchtet, Kerzen sanftes Licht schenken.

Feuriger Wein, feurige Liebe, ein feuriges Temperament – positive Eigenschaften, die anziehen, neugierig machen, staunen lassen. Der Feuerball der Sonne, der morgens aufsteigt über dem Meer, wundervoll, Glück verheißend, einen kostbaren Tag. Feuerball der Sonne, der abends, nach dem Versinken am Horizont, den westlichen Abendhimmel in ein Rosenfeld verwandelt.
Feuer – unbändige Kraft, der wir ohnmächtig ausgeliefert sind, wenn sie über uns hereinbricht, entzündet von Trokkenheit und Hitze, angefacht vom Wind vorwärtsrast, ganze Landstriche verödet zurücklassend.
Feuer – von Menschen mißbraucht zu zerstören, auszulöschen, auszurotten, was anders ist als eigene Machtfantasien, Ideologien, Wahnvorstellungen, wie an dem zehnten Maiabend 1933 bei den Bücherverbrennungen, wie in den nie zu begreifenden Verbrennungsöfen von Auschwitz und all den unauslöschlichen Namen.

Brennen, von dem so viele Menschen in Deutschland nichts hören, woran sie nicht erinnert werden wollen, weil es nur möglich wurde durch den Untertanengeist, das gedankenlose Mitlaufen, das große Schweigen, die große Angst der meisten, durch viele große und kleine Helfer und Helferinnen.

Flamme in der Gedenkstätte Jad waSchem in Jerusalem, die brennt zum Gedenken der ermordeten jüdischen Männer, Frauen und Kinder, zum Er-Innern.

Kerzenflammen, zigtausende in den Gotteshäusern Deutschlands, auf den Altären während der Gottesdienste, damals und heute in den katholischen Kirchen vor den Marienbildern, den jungfräulichen, den mütterlichen, den königlichen. Zigtausende von Kerzenflammen zwischen all den farbigen, duftenden Blumen schimmernd, im Mai, dem Monat überquellenden Lebens in der Natur, dem Monat der Liebenden, im Jahre 1933 und auch, als die Öfen in den Vernichtungslagern brannten.

Maria wurde und wird sie angerufen. Ihren jüdischen Namen Mirjam mußte sie hergeben, die Mutter des jüdischen Rabbi Jeschua, der in der Christenheit Jesus heißt, Jesus Christus.

Zigtausende Lichter das ganze Jahr über vor der Schmerzhaften Mutter, die sich trauernd über den am Kreuz ermordeten Sohn neigt. Wie viele Ave Maria sind gebetet worden, bittend um Schutz im Krieg, um glückliche Heimkehr. Aber immer und immer wieder ausgeblendet, nicht wahrgenommen die jüdische Mutter, der jüdische Sohn, während Millionen jüdischer Menschen entwürdigt, gequält, ermordet wurden. Wiedergutmachung ist unmöglich. Erinnern not-wendig.

ave, Mirjam

ave, Mirjam, jüdisches Mädchen
gelobt sei dein Glaube an
den Immer-mit-uns
gelobt sei dein freies Fragen und Jawort
zu Gottes Gnade

ave, Mirjam, jüdische Mutter
wir loben dich und deinen Sohn Jeschua
hart war dein Weg zur Frohen Botschaft
wieviel härter der Weg deiner Schwestern
durch die Judengettos bis in die Kammern
des Todes

heilige jüdische Mütter, bittet für uns
denn eure Herzen verbrannten
als der deutsche Herodes eure Kleinen warf
ins Feuer
erwachsene Töchter und Söhne begegncten euch
wieder im Aschenflug

ave, Mirjam, gezeichnete jüdische Frau
wir loben dein Wachsen in Schmerz und Alleinsein
und deine Ankunft inmitten verwaister Jünger
in Atem und Flamme der Heiligen Ruach

Amen

ave, Maria 1994

gegrüßet seist du, Maria
du bist mit dir
ruhst in deiner Mitte
du bist gebenedeit
Schwester und Freundin
und gebenedeit
ist die Frucht deines Lebens
geboren aus deiner Liebe
Jesus

Maria,
du heilende, göttliche Mutter
begleite und segne uns
jetzt und
in der Stunde unseres Todes
Durchgang zu neuem Leben

Amen

V.
zur Lauretanischen Litanei

du geheimnisvolle Rose

wachsend im verweilenden Auge
das Geheimnis Rose
und du schweigst sie
in Worten

du goldenes Haus

wertvolle Münzen
Ringe aus Meisterhand
Bausteine an den Börsen der Welt
auch nicht die kostbaren Schreine
(Gleichnisse meiner dogmatisch gefaßten
Jungfräulichkeit)
sind des Goldes
das Gott genügte, Wohnung zu schaffen
dem Kind

meine Menschenadern
mein frommes Vermögen
bargen das Kleinod nicht
bis das Heil mich durchströmte
weckend die winzigste Zelle
bis Gottes Gegenwart jedes Haargefäß
füllte
bis jeder Nerv teilhaftig wurde

neuem Wachstum
gab die durchtrennte Nabelschnur Raum
nahe und ferne Worte des Sohnes zogen ein
zwischen den Wänden reifte
im Leuchten der rûah
die schmerzende Liebe
bis der Erstgeborene heimkehrte
auf meinen Schoß

seit der Stein versiegelt wurde
am Grab
steht mein Haus den Geschundenen
und den Machtlosen
offen

du Turm Davids

Soldatenstiefel marschieren über dein Volk
ein lüsterner König aus fremdem Geschlecht
schreibt Zeichen des Schreckens in seine Stirn
die Priesterkaste handelt den Höchsten
in harter Währung;
vor der Tür und in den vier Wänden
hat der Mann das Recht und die Stimme.
Die Herr-Schaft ein enggeknüpftes Netz
auf alles geworfen, was lebt

junge Mirjam
am Strand deiner Zehen
bricht das Altgefügte unerhört auf

die Männer haben nicht Anteil am Traum
den die Weisheit in dir träumt.
Sie läßt ihre Stärke fallen
und schleift ihren babylonischen Turm.
Dir traut sie zu fest zu stehen
aus Wärme, Würde und Schönheit gebaut
zu Freiheit, Dien-Mut und Tatkraft erhöht.

Du nährst Davids Hoffnung
im Schutz deiner Wände
du singst be-geistert den Unterdrückten
das Lied ihrer Auferstehung

du elfenbeinerner Turm

ja
fest bist du und kost-bar
herausgerufen
aus dem Festgemachten
erspürst du Heil
wächst ihm wachsam entgegen
dein Fleisch und Bein
gesegnet strahlen Wärme aus
empfangen im bewußten Wort
was fern
unfaßlich
einsam
war

zwei Menschen
geboren
in Betlehem?

Mutter, du Reine

reines Rot deines Bluts
Wort des Lebens in dir
und dem göttlichen Wort
das aufblühen will
als Mensch

reines Rot deines Bluts
kreisender Strom
durch die Herzkammern
Erde und Himmel
daß allem Leben sich öffne
der Stromkreis des Heils

reines Rot deines Bluts
rühmen sich Lilienblässe
und Schnee
reiner zu sein?

du keuscheste Mutter

Schwesterliche
ich glaube, daß es dir gelang
unverletzt duftet deine Liebe
gutes Brot
das du teiltest mit
Josef und Jesus
Trost
bis in die Stunde des Todes

du Mutter des guten Rates

als er das Werkzeug aus
den Händen legte und
das Holz
es nahm ihn später
auf sich
und gab ihn dir zurück
was blieb zu tun?
er ging den fremden Weg
ein Fremder
so wie mein Sohn
was rätst du mir?

du Sitz der Weisheit

in dir, Mirjam-Maria
ist die heilige Weisheit
zu Hause
kein Gastaufenthalt
bis zur Geburt deines Sohnes
du bist durchwebt
erfüllt von ihr
unsrer göttlichen Freundin
Sophia

mit ihr gelang
dein beschwerliches Leben
auch in uns will sie
schöpferisch wirken
wenn wir ihr Raum gewähren
ihr gilt wie von dir
unser freudiges Ja

VI.
damit du uns nahe bist

Wenn du ein Mädchen von heute wärst

wenn du ein Mädchen von heute wärst,
Maria,
ein Mädchen der westlichen Welt,
in hautengen Jeans,
verfolgt und oft eingeholt
von Leistungsdruck,
Konsumreligion,
Medienmächten

wenn du ein Mädchen von heute wärst,
Maria,
verlockt und bedroht
von der Sexfreiheit,
in der Phon-Betäubung der Diskotheken,
auf dem Fließsand erschütterter Werte,
verschleierter Wahrheit,
der Zukunftsängste
tastend
nach tragendem Grund,
Befreiung und Bestätigung suchend

wie müßte Gott zu dir sprechen,
Maria,
wenn du ein Mädchen von heute wärest?
wie könnte dich das Geheimnis erreichen?
würdest du es sofort erkennen,
Maria,
eine Antwort finden?

damit du uns nahe bist

warum bist du, Maria
unerreichbar für uns
auf den Sockel gestellt
und senkst
kampflos heilig
vor unseren Fragen
den Blick?
du warst doch so jung wie wir
als der Engel dich fragte

du wurdest anders erzogen
das stimmt
und doch mußt auch du
die Sehnsucht
den Aufruhr
die Trauer und Ratlosigkeit
die Freude, den Überschwang
des Sich-Suchens und
des Sich-Findens
erfahren haben

dein Ja-Sagen
wird als das Große an dir
vor uns hingestellt
wir finden
daß wir ebenso
das Nein-Sagen lernen
müssen
du hast es getan!

du sagtest »nein«
zu den Plänen der Eltern
und wahrscheinlich auch
zu deinen Wünschen
damit du das »Ja« sprechen konntest
zu Gott

du sagtest »nein«
zu dem vorgezeichneten Leben
zu den unangefochtenen Wegen
damit du das »Ja« verwirklichen konntest

Maria
wird es nicht Zeit
dein mühsames Tasten
dein schmerzvolles Wachsen
zu zeigen
damit du uns nahe bist
während wir suchen?
damit wir »ja« oder »nein«
im richtigen Augenblick
sagen und
dazu stehen

meine Tochter möchte ich Mirjam nennen,
ein Lied singt in deinem Namen, Mirjam-Maria.
Als deine Mutter dich Mirjam nannte,
(wenn sie dich wiegte in ihrem Schoß,)
und später Josef, dein Mann,
zog das Lied nicht durch alle Ströme
bis in dein Herz?

meine Tochter möchte ich Mirjam nennen,
ihren Namen werden wir atmen und singen
aus unseren Tiefen,
wenn wir aneinander uns freuen, Frau und Mann,
von Gott füreinander geschaffen,
von Gott einander geschenkt
für den langen Weg der Heimkehr.

du warst jung und schön –
jeder Mensch lebt eigene Schönheit, Mirjam –
als Josef dich zu sich nahm,
seinen ungeborenen Kindern sang er dich vor,
wenn er dich sah mit Jeschua an der Brust.
Sein Auge umhüllte dich.

so kann es gewesen sein, Mirjam-Maria,
ihr habt euch gefreut aneinander, Mann und Frau,
von Gott füreinander geschaffen,
von Gott einander geschenkt,
nachdem du dein Jawort eingelöst hattest,
Mutter Gottes, Mutter des Menschen.

die Angst der Uneingeweihten, Mirjam-Maria,
selbstgewählte, gottfremde Angst,
dich als geöffnete Blume im Lebensgeheimnis
zu denken,
als Glückliche in glühenden Stundengärten,
hat dich eingezäunt unberührbar,
hat deinem Mann aus Davids Geschlecht
weißes Haar und müde Schultern gegeben,

hat den Offenen, grenzenlos Strömenden,
der alles ins Leben ruft,
um einzukehren in seine Liebe,
ins Ghetto menschlichen Kleinmuts gesperrt.
Wie könnte die heilige Kraft, könnte dich,
Mirjam-Maria,
das große Geschenk der Einheit verletzen,
in dem ihr Funke Mann und Frau außer sich trägt
um inne zu werden

meine Tochter möchte ich Mirjam nennen,
ein Lied singt in deinem Namen, Mirjam-Maria,
das Lied, in dem sich Himmel und Erde umarmen,
und Glaube kann sie nicht scheiden.

dein Mensch-Sein, Maria

wie hast du es wirklich gelebt?
du Frau
in der Bibel von Männern gezeichnet
du Frau
die patriarchaler Kirchenmacht
wehrlos ausgesetzt war
als Jungfrau unter dem Glassturz
ein ungefährlicher Liebesersatz
als uneingeschränkte Magd
die christlichen Frauen verkehrter Demut
verpflichtend
im Wappenschmuck der Gebieter
uns Frauen drängend
eignes Wachsen und Wünschen
zu fesseln

die Priestermänner wurden nie müde
es einzuhämmern
es einzuschmeicheln
von der Wiege bis zum Grabe
so daß wir unsre Sehnsucht nach Ganzheit
mit schlechtem Gewissen bezahlten
so daß wir die heilige Gabe
Leben zu schenken
in ihrer Verkehrung
an unsere Töchter weiter vererbten
bis uns die Freundin Sophia befreite
zum Sehen

Maria
du Tochter Evas
der Mutter aller Lebendigen
Maria
du Schwester Evas und unser Schwester

Maria
indem du Mutter wurdest
geschah dir
was allen Müttern geschieht
Teil-Habe am Schöpfungswerk

Jungfrau

Raum, der sich weitet
meinem suchenden Schritt
meinem Leben, das schöpferisch ausgreift
Raum, der mein Wachsen umhütet
und nährt

Zeit gewährt sich
was ich bin, wird geboren
aus der Tiefe gelangen Schätze
ins Herz
neue Welten steigen
in meine Augen
ungewohnte Lieder werden
lebendig auf meiner Zunge

weil ich Mensch sein will und darf
nach Gottes Bild
nicht
nach dem Willen des Mannes

ebenbürtig
teile ich aus und nehme teil

deine Würde

Mirjam-Maria
dir nahe als Frau
dir nahe im Glauben
bin ich gewiss:
ohne die Titel
die dir Hierarchen verliehen
(lange nach dem schmählichen Tod
deines Sohnes
lange nach deinem eigenen Sterben)
bist du unbedingt angenommen
von Gott
lebst du vereint
mit der heiligen Schöpferin Liebe
wie jeder Mensch
der das Heilige sucht und ehrt

darin wurzelt zuerst
deine Würde:
Mensch zu sein, Mirjam-Maria
einmalig
wie jede Frau, jeder Mann
wert-voll und kost-bar
von Gott beim Namen gerufen
geachtet als Person
in der Entscheidung

aus den göttlichen Quellen
Freiheit und Liebe gespeist
gibst du
bis ins Heute hinein
dein lebendiges
Ant-Wort

welche Krone hättest du selbst gewählt?

die Baumkrone frag ich: was tust du?
ich wachse dem Licht entgegen
trage Blätter, Blüten und Nester
laß die Früchte los
bau ein Schattendach

und du? frag ich die Mauerkrone
ich schließe ab
ich schütze und wehre
ich schaue hinab

ich bitte die Erntekrone:
sag mir, was du tust!
ich lasse mich binden
zum Loben und Danken
meine Halme sagen Arbeit und Menschen
meine Körner sagen Brot und Gott
ich lasse mich schmücken zum Freuen
und Feiern
meine Blumen singen, meine Bänder tanzen
gewölbt und gebunden verbinde ich

und du? frag ich die Dornenkrone
nichts
ich werde getan
ich werde getragen
ich werde beschuldigt
ich werde verworfen

die Stolze als letzte befragt:
was tust du, Königskrone?
ich zeige Herrschaft und Reichtum an
ich drücke die Stirn, der ich diene
ich drücke schwerer die Untertanen
ich heize die Gier an
ich glänze und blitze
ich bleibe

welche Krone hättest du selbst gewählt
Maria
Mutter des Dornengekrönten
falls unsre hierarchische Sünde geläutert
im Himmel Zutritt erhielte?

Gekrönte leben von den Gekrümmten
stolz weidet das Auge willige Rücken
die unwilligen
die ungeübten
die eigenwilligen Gottgewollten
nimmt die Peitsche in Pflege oder
das Kreuz

Zeit ist's, die Fesseln der Ängste
zu lösen
die inneren Späher wachzuhalten
unkenntlich oft, mit gespaltener Zunge
sitzen die Henker am gleichen Tisch

in Rissen lebend
drücken wir Jesus
ein menschliches Machtzeichen in die Hände
die Mutter zu ehren
und kennen
bis heute dem Glänzen verhaftet
die Ausuferung der Leidensströme

die Krone paßt deiner Mutter nicht
Jesus
der heiligen jüdischen Frau
die Krone mutest du ihr nicht zu
die Liebe allein
ist genug

mit der du, Maria
schenkend beschenkt bist
der Himmel, Mutter

Amen

Ent-Deckung

was haben Männer mit dir gemacht
Maria
wie haben sie dich um das Leben gebracht
Maria
wie haben sie dich in ihre Formen gezwängt
wie haben sie über dich Gesetze verhängt

du mußt eine Frau sein, die nichts will
du hast dich zu fügen, blutleer und still

du darfst nicht tanzen, lachen und singen
du darfst dich nicht freuen an Menschen und dingen

in dir selber findet sich kein Wert
als Unberührbare bist du begehrt

als Gefäß dienst du dem göttlichen Sohn
und dafür erhältst du himmlischen Lohn

was haben Männer aus dir gemacht
Maria
wie haben sie dich um das Leben gebracht
Maria
wie haben sie dich und uns in ihre Formen gezwängt
wie haben sie über uns Gesetze verhängt
dein Freiheitslied für uns Frauen verdrängt

aber jetzt ent-decken wir eigene Sicht
werfen ab das machtbesetzte Gewicht
erfahren uns von der rûah befreit
erfüllt Maria, ist wieder die Zeit

dein Herz, Maria

menschliches Land
unbefleckt von der Furcht
zu lieben
los vom Makel
lebloser Enge

dein Herz, Maria
durchfluteter Raum
aufgetan
dem Tanzen des Himmels
voll der Schönheit
weiblicher Würde

das Göttliche
größer als unser Herz
entzieht sich
männlichem Reinigungszwang
umarmt alles
aus ihm Geborne
vom ersten Augen-Blick
an

Ikone

dunkle Mutter
mit der Weite trauriger Augen
Brunnen, in die ich tauchen möchte
zum Lebensgrund

dunkle Mutter
Wange an Wange mit deinem Kind
deinen künftigen Schmerz
schmücken kostbare Schleier
ungewebt von dir

dunkle Mutter
in einem anderen Herzen geschaut
kommst du heut tröstend
zu mir

Sie schaute mich vom rechten Seitenaltar her an, eine schlanke Gestalt in fließendem blauweißen Gewand, das ovale jugendliche Gesicht von dunkelblonden Haaren gerahmt, die in sanften Wellen bis zum Gürtel fielen. In der rechten vorgestreckten Hand hielt sie eine Lilie. Zu ihren Füßen stiegen die Blumen empor, so dicht aneinandergedrängt, daß sie nicht von einzelnen Sträußen umduftet wurde, sondern von einem kleinen Garten. die weißen Säulen, die daraus hervorwuchsen, trugen goldene Flammen, verliehen der Madonna geheimnisvoll Leben.

Ich wuchs als Kind ganz selbstverständlich in die Liebe zur heiligen Maria, Mutter Gottes hinein, sang zu Hause und in der schlesischen Dorfkirche bei Maiandachten, an Marienfesten »Maria, Maienkönigin«, »Es blüht der Blumen eine«, »Geleite durch die Welle«, »Meerstern ich dich grüße«. Dabei empfand ich Freude und Geborgenheit, auch, als die Orte und die Bilder wechselten, und neue Lieder hinzukamen.

Die Entfremdung setzte wohl ein mit vorgetäuschten Glaubenssätzen, unumstößlichen, die mündlich und schriftlich von Kirchenmännern dem gläubigen Volk eingehämmert wurden. »Nur durch Maria zu Christus« hieß einer. Die Liebe wurde zweckgebunden.

Es muß intuitiv Abwehr erwacht sein. Weshalb sollte ich mich nicht direkt an Jesus wenden, mit ihm verbunden sein können? Mir ist viel später klargeworden, daß in der Festlegung einer derartigen Frömmigkeit ein Mißbrauch mündiger Menschen *und* Mariens liegt; denn auch die jüdische Mutter Jesu empfing die bis zur Himmelskönigin gesteigerte Würde allein durch ihr Ja-Sagen zur Mutterschaft, überhaupt durch ständiges Ja-Sagen. Hervorgehoben wurde unablässig: Ich bin die Magd, und ich habe mit der menschlichen Liebe zwischen Frau und Mann nichts zu tun. Mit der Sünde auch nicht, um des Sohnes willen.

Weil Maria trotz ihres biblischen Magnifikats als unterdrückerisches sowie unerreichbares Symbol für Frauen in der katholischen Kirche benutzt wurde, mußte ich sie ablehnen. Inzwischen habe ich sie ganz anders wiedergefunden. Ich erkenne in ihr die göttliche Mutter, die lebenspendende Schöpferin, und die Frau, die gegen Unterdrückung durch Macht und Reichtum, die Säulen des Patriarchats, das Lied der Befreiung gesungen hat.

Ohne mütterliche Gottheit konnten die Menschen nicht leben. An sie wollten sie sich weiter in Liebe und Dankbarkeit, in all den Nöten des Lebens wenden. Sie lebte und lebt weiter in ganz unterschiedlichen Bildern. Durch sie bin ich als Frau im göttlichen Leben zugegen. In diesem Sinn ist Maria für mich die Himmelskönigin, und ich habe oft erfahren, daß es vor allem Frauen so empfinden. Es ist nur noch nicht allen bewußt.

Gottesmutter, Himmelskönigin

hat jemand dich
gefragt, Maria
nach deinen Wünschen,
Hoffnungen und Träumen?
geboren
den Mann ins Leben zu bringen?
unfähig gemacht zum Auf-Stand
als makelloses Gefäß des Gesalbten?
auch nach dem Lied der Befreiung
Frau von
Mutter von
Jungfrau für?
auch nach deinem Tod
Objekt des Mannes?
den göttlichen Stand des Sohnes
zu sichern
von unerbittlichen Kirchenvätern
befördert auf den Altar

dort seufzen die Trümmer
alter Tempel
aus der Vertreibung grüssen dich
die Gottesmütter langer Zeit
geheimnisvoll schwesterlich
legen sie
Verwaiste
Bedrückte
an dein Herz
und krönen dich zur Königin

du selbst
findest dich
umarmt von Vertrauen
geliebt und verehrt
eins mit dem heiligen Hauch
du Mutter des Lebens
du Zuflucht der Armen
du Trösterin der Betrübten
du Morgenstern

die Menschen kommen
Frauen und Männer
und krönen dich zur Königin
im Sternenkranz
die Sichel der Mondin liebkost
deine Füsse
das Ewige teilt deinen wachen Schritt
im Lebenszeichen der Schlange

Maria, Himmelskönigin
du Frau
du Mutter
du Schwesterliche
die uns Göttliches schenkt
auf einem ausgestreckten Arm
trägst du deinen Sohn
trägst mit ihm die Welt in seiner Hand

in dir lebt auf die Muttergöttin
ersehnt und angerufen
aus Tiefen unsres Menschseins
die Lehr- und Glaubenssätzen
unzugänglich bleiben
das Göttliche allein
berührt den Kern

Maria, Maienkönigin
in dir blickt uns die Lebensvolle an
die Schöpferin
der Erde voller Liebe Keim und
Knospen schenkend
daß sie im Blühen jubelt
daß sie in Erntefarben leuchtend
süß und schwer den Hunger stillt
von Mensch und Tier

Maria, Heil der Kranken
wenn dir die Frauen Kräuterbuschen binden
der Erde Grün, des Regenbogens Farben
als Duftgebete zum Altare bringen
auf Heilkraft und dein Segenswirken
fest vertrauend

Maria, Mutter Jesu
wenn Frauen krank vor Sehnsucht
von weither zu deinem Heiligtume
pilgern
ein Kind vor dir erbittend
so suchen sie die Himmelskönigin
die Große Mutter hinter dir
in der sich Jungfrau, Mutter,
weise Frau
dreifaltig einten
macht- und segensreich

das göttlich Weibliche
vertrieben
verschwiegen und
zum Tod verurteilt
ist nicht gestorben
das Heilige heilt Wunden
die Menschenmacht und Menschensehnsucht
reißen
zu seinen scheinbar ausgetilgten Namen
hat es Maria-Mirjam angenommen
und sich damit
gekrönt

Opfer

wenn Maria
die heilig Mütterliche
in Bildern umleuchtet
von Hoffnungsflammen, Liebeslichtern
gleichzeitig
bittend in die Einsamkeiten und Schmerzen
gerufen wird
geschieht es
brennen wird sie das unbedachte Leid
ihr zu Ehren
in ihren Händen häufen sich
die geopferten Kindheiten Südamerikas
unter Tage lebendig begraben
Aluminium zu schürfen
aus dem Mutterschoß Erde

vor der erneuten westlichen Wohlstandszeit
steckten wir Kerzen auf eiserne Dorne
die dich nicht stachen
heilig Mütterliche
aber danach und bis heute
schichten Fromme
um bequemer Handhabung willen
Pyramiden ausgebrannter Teelichter
auf dein Herz
wann
werden wir
sehen

ich lerne dich wieder zu lieben, Maria

ich lerne dich wieder zu lieben, Maria
befreit von verordneten Augen
die Fesseln fallen
ich fühle uns schöpfen
aus einer heiligen Quelle
ich blicke dich an, Maria
als eine, die mit mir teilt
die göttliche Gabe
als Frau
die nicht der Erlösung bedarf
durch den Mann

ich lerne dich wieder zu lieben, Maria
seit ich unterwegs bin
Verlorenes zu finden
seit glatte Bilder brüchig werden
und aus der Tiefe leuchtet
die Arche
dort grüßt mich bedingungslos
Fülle der Schöpferin Liebe

Am 15. August wird in der katholischen Kirche das Fest »Mariä Aufnahme in den Himmel« begangen. Bekannter ist der Name »Mariä Himmelfahrt«.

Eine Legende erzählt, daß Maria mit Johannes, dem Lieblingsjünger Jesus, zuletzt in Ephesos gelebt habe. Heute wird ein verfallenes Haus als ihre Wohnung vorgestellt. Nicht nur Christinnen und Christen pilgern dort hin, sondern auch muslimische Türken und Türkinnen, die sie als Meryem-Ana, Maria-Mutter verehren. Das Grab Marias suchen die Menschen vergebens. Sie wurde mit Leib und Seele in den Himmel aufgenommen, wie Papst Pius XII. im Jahre 1950 als Dogma verkündet hat.

Sie wurde aufgenommen. Selbständig, wie ihr Sohn Jesus ist sie nicht aufgefahren zu diesem Ort, den wir geographisch und zeitlich nicht bestimmen können. In diesem Himmel krönten dann der göttliche Sohn und der göttliche Vater Maria zur Königin; Belohnung für ihre dienstbereite jungfräuliche Mutterschaft.

Aus der Menschenfrau, der jüdischen Mirjam, war wieder die Himmelskönigin geworden. Wieder? Sie ist zurückgekehrt, die göttliche Mutter, unter anderem Namen. Unter anderen Vorzeichen. Überbrückt wurde die zwiespältige männliche Glaubenslehre von der demütigen, völlig abhängigen Jungfrau Maria und der Königin der Engel, der Patriarchen, aller Heiligen durch das Vertrauen gläubiger Menschen zur Muttergottes. Zu ihr bringen sie weiter Bitten um Heilung, um Kindersegen, um Beistand. Ihr zünden sie Kerzen an, bringen Blumen. Unter ihrem blauen, sternengeschmückten Mantel suchen sie Schutz. »Unsere liebe Frau« wird sie zärtlich genannt. Mit der kirchlich gepredigten Magd, wollen allerdings viele Frauen nichts mehr zu tun haben. Dieses Vorbild hat das weibliche Leben oft erniedrigt und verstümmelt.

Es gibt Vorwürfe, daß der Vatergott zu kurz kommt, daß Maria angebetet wird. Beten wir nicht dort an, wo wir lieben, hoffen, vertrauen? Die jüdische Mirjam ist sicherlich nicht identisch mit der Himmelskönigin Maria. Sie verschmolz als Frau und Mutter, die mit vielen Frauen der Vergangenheit und Gegenwart die Erfahrungen eines mühseligen Lebens teilt, mit der großen göttlichen Schöpferin und Lebensspenderin der alten Mutterreligionen. Es geschah, weil das Bild der großen göttlichen Mutter in Menschenherzen weiterträumte, als sie vom Patriarchat verdrängt wurde, als ihre Heiligtümer patriarchaler Machtentfaltung dienten, verwaisten oder zerstört wurden. Auch in Ephesos vollzog sich dieser Wandel.

Heute aber entdecken Frauen auf der Suche nach ihrer Spiritualität Spuren der göttlichen Mutter. Die unsterbliche heilige Weisheit zeigt uns Wege. Ihre Stimme wird hörbar in uns, wenn wir bereit sind. Nicht, um uns das Handeln für ein geschwisterliches Leben auf und mit der Erde zu ersparen. Sie spendet uns Einsicht und strömt uns Kraft zu für diese Aufgabe. Sie schenkt Verstummten aufs Neue die Stimme.

Nicht in unerreichbaren Himmeln wohnen die weiblichen göttlichen Kräfte. Unsere Zeitmaße überwinden sie.

In der Marienlegende von Ephesos höre ich ihre Stimme:

in Ephesos sagte Artemis:
mich freut dein Kommen, Maria
meine Schwester und Freundin sei gegrüßt
mein Tempel soll deine Wohnung sein
wir göttlichen Mütter bekämpfen uns nicht
wir rufen die Menschen in unsre Hut

Maria sprach zu Artemis:
ich grüße dich, meine Schwester und Freundin
ich bin gern bei dir
die heiligen Kräfte einen uns
ich singe für alle das Freiheitslied
in Länder und Zeiten hinein

zu Freude und Liebe seien befreit
aus Not und Verachtung die Armen
aus Hochmut und Enge die Reichen
aus Rüstung und Töten die Krieger
aus Geldgier und Skrupellosigkeit
die Waffenhändler und Drogenbosse
aus Eitelkeit und Bestechlichkeit
Politiker aller Ränge
aus Fanatismus und Hierarchie
die verschiedenen Religionen

zu Würde und kraftvollem Handeln
seien alle Frauen befreit
und die Menschen aller Völker

Mirjam

gehüllt in ein Licht
das tief deine Träume
schauten
eins mit der Schöpferin Ruach
mehrt sich dein Leben
mütterlich
gestaltest du und
bringst es
zur Welt

eine neue Eva

nennt ihr mich
eine neue Eva?

ja, als Mutter, die Leben schenkt
ja, als Mensch dieser Erde
ja, als fragende Tochter
der Frau im Garten
die fragend und handelnd
der Gottheit näher kam

eine neue Eva
nennt ihr mich
eine neue Eva?

nein, als Jungfrau und Mutter
über den Frauen
nein, als unberührbar Auserkorene
nein, als Tochter des göttlichen Übervaters
nein, als Frau, die uralte Zeichen der Weisheit
tötet

ich bin eine wie Eva
die Mutter alle Lebendigen
ich bin eine wie ihr
Heiligem liebend geeint

zum Fest
»Maria ohne Makel der Erbsünde empfangen«

wenn mir auch spät
geschieht
die Heilung
jetzt
fallen mir die Schuppen von den Augen
ich danke dir und
sage weiter
das Geschaute

hinter Männerwünschen
die Jungfrau
verwandelt sich zurück in eine
die liebt
auf Menschenweise
hinter Männerwünschen
das Heil
wächst es heran
im Mutterschoß
des wundenfreien makellosen Lebens
bedarf es
nicht

verbaute Spuren

ich habe dich gesucht
im geographischen Nazaret
jüdisches Mädchen, jüdische Mutter Mirjam

die großen touristischen Kirchen sagten:
nein!
ich habe zu viele gesehn
»auf den (versprochenen) Spuren Jesu«

keine Plätze, Mirjam
für deinen jüdischen Sohn Jeschua
sein Leben und Lehren aus der Torá

vielleicht berührt
in Nazaret, in Jerusalem
in den Herzen
ein Engel christliche Mauern
auf einem ersten Grund

Herbergsuche Betlehem 2001

mir bleibt keine Wahl
ich bin eine Palästinenserin
heimatlos im Heimatland
mein krankes Kind trage ich
zu Menschen
die mich nicht fragen werden
bezahlst du
wo ist dein Passierschein
wie heißt dein Mann

es wäre nicht weit
zum Rettungs-Stern
mein Kind würde leben
vielleicht
wenn du zu bestimmen hättest
junge jüdische Mirjam
Mutter des Betlehem-Kindes
kehrten die machtgewohnten Soldaten
im Bauch der Todesmaschinen
um

Wege dürften Wege sein
und du
gingest mit meinem Kind und mir
nach Betlehem

Fest der unschuldigen Kinder 2001

Mirjam, Maria, Meryem
Mutter in Israel
Mutter im Christentum
Mutter in muslimischen Ländern
deine Schwestern
immer noch
immer wieder
fliehen
im Bomben- und Granatenhagel
der Machtbesitzer

Dienst am Leben
erzielt keinen Gewinn
in den Börsentempeln
Nachrichten blenden
Wunden und Sterben
von Müttern und Kindern
aus
Mirjam, Maria, Meryem
salbst du
in den Nächten
ihr Leben

Liebe Angelika,

das Madonnenbild in deinem Weihnachtsbrief berührt mich tief. Darin drückt sich uneingeschränkt die Zuneigung von Mutter und Kind aus. So kann ich mir auch die jüdische Mirjam vorstellen.

Mutter und Kind leben im Runden und in Ovalen. Eiförmig umfließt der orientalische Schleier auf einer Seite die Frau vom Kopf bis zu den bloßen Füßen. An der Herzseite ruht das Kind geborgen im Arm der Mutter. Sie neigt sich ihm zärtlich zu. Die Augen begegnen sich. Beide sind in die Rundung des Schleiers gehüllt, der sich wiederum gebogen auf Mariens Schoß legt. Alles Harte und Gefährliche der Welt, worum die Mutter weiß, bleibt außerhalb der liebenden Zuwendung.

Hab Dank, liebe Freundin. Wie ein Engel hast du mir eine Botschaft von Liebe und Nähe geschenkt.

Im Laufe meines Lebens bin ich vielen unterschiedlichen Mariendarstellungen begegnet. Ich habe die meisten Kunstwerke bewundert. Nicht selten strömten sie befremdende Kühle zwischen Maria und dem Kind aus. Nicht selten bildete die Mutter lediglich die Kulisse für den Sohn.

Ein Thema, liebe Angelika, auch vom künstlerischen her, das unerschöpflich scheint. Novalis hat dies bereits vor mehr als zweihundert Jahren plastisch beschrieben: »Ich sehe dich in tausend Bildern, Maria, lieblich ausgedrückt, doch keins von allen kann dich schildern, wie meine Seele dich erblickt.«

Liebe Angelika, danke. Wenn du mich besuchst, schauen wir uns Marienbildnisse, vor allem Kunstkarten, an. Das ist spannend. Schauen wir, wo und ob, sich unser oder unsere Lebens-Marienbilder ent-decken lassen.

Shalom!

ist mir dein Bild begegnet
das Kind auf dem Arm
umgeben vom *Atomstrahlen-Kranz*
in Belarus, Maria
bist du mir oft begegnet
oft?

in den Gesichtern
junger, alter Frauen
in ihren Stimmen für
die Schwachen, gegen
Verschweigen
in ihren Händen lebt
die schwere Alltagsliebe
ihr Kreuz, Mirjam-Maria
heißt *Tschernobyl*
dauert
der heiße Tod im Verborgnen
frißt
ihre Kinder
ihre Erde

junge und alte Frauen
trauern an Gräbern
Tod ahnen sie
in ihren Leibern
und pflanzen Gärten der Hoffnung
miteinander wohnen
in ihren Augen
Lächeln und Schmerz

bis heute, Mirjam-Maria
grüßen mich ihre Lieder
ihr Lachen
trotz
und
wegen
ich spüre Küsse, Umarmen
den Kilometern erlauben wir
keine Macht

in Belarus, Mirjam-Maria
will ich dich wiedersehen
oft

heut, Mirjam-Maria
sing ich dir ein Lied

von deinen Schwestern und Brüdern
an vielen Orten der Welt
sie werden zärtliche Mütter und
Väter von vielen, vielen Kindern
ohne je geboren, gezeugt zu haben

jedes Kind ist ihnen willkommen
gleich welchen Volkes
welcher Religion
Geburtsurkunden
Gesundheitszeugnisse
Amtlicher Aufenthalt
sind unbekannt

den Mädchen und Jungen
den kleinen und großen
von Menschen
verletzt, verstoßen, verlassen
mißbraucht, geschlagen, verwahrlost
vor Menschen geflohen
am Rande des Lebens
am Rande des Todes
ein Haus geöffnet
zu kommen, zu bleiben

die Mädchen und Jungen
die kleinen und großen
lernen
zu atmen, zu schlafen
zu trauen, zu träumen
zu helfen, zu lachen
zu spielen, zu singen
lernen
Kinder zu sein

heut, Mirjam-Maria
sing ich dir das Lied
von deinen, unseren Schwestern
und Brüdern
vom Wunder der Liebe
auf haßdurchtränkter Erde
inmitten
vor Herrschsucht und Gewalt
von Geldgier und Gleichgültigkeit
von Waffenwahn und wachsendem Elend

ich singe
von unseren Brüdern und Schwestern
an vielen Orten der Welt
die zärtliche Vater und Mütter sind
vielen Kindern das Leben schenken
ohne je
gezeugt, geboren zu haben

was sagt dir, Maria

an den Wallfahrtsorten
der Erde
deine Vermarktung?

vielleicht
schenkt eines der ausgedachten Abbilder
(in Massen hergestellt, du weißt)
erkrankten Menschen Trost
umschließt manche Hand
voller Zärtlichkeit
die Gipsgestalt Maria
beatmen Lippen hoffend
das glasgefaßte Medaillon

was sagen dir, Maria
der Kerzenstrom im Abenddunkel
für dich entfacht
die raschen und quälenden Schritte
die Bitt- und Hoffnungsgesänge?

vielleicht
blüht ein Licht in der Einsamkeit auf
ins alte Elend zurückgekehrt
streichelt ein Klang die
Vergeblichkeit
regt sich zaghaft
ein Trost
vielleicht

suchend und wandernd

Mirjam-Maria
wiedergefundne irdische Schwester
und himmlische Freundin
suchend und wandernd
auf deinen Spuren
drückt mich die Müdigkeit
heben mich Hoffnung und Kraft

sieh
ich bin nicht allein
viele pilgern mit mir
in den Schritten
oft mühevollen und mißverstandenen
dein Lied der Befreiung
und du reichst uns
Sophias Stab

Christa Peikert-Flaspöhler, Seiten 57, 59, 61–63, 92, 97, 101, 105, 109, 127, 128 und 137 aus: Heut singe ich ein anderes Lied – Frauen brechen ihr Schweigen. Rex-Verlag Luzern/Stuttgart 1992.
Seite 69 und 71 aus: Stellenangebot. Gedichte, Lahn-Verlag Limburg 2. Aufl. 1982.
Seite 73 aus: Füße hast du und Flügel. Gedichte, Lahn-Verlag Limburg 2. Aufl. 1986.
Seite 56 aus: Niemals mehr wollen wir sprachlos ein. Frauen der Bibel – Frauen heute, Lahn-Verlag Limburg 1993.

Die Lyrikerin Christa Peikert-Flaspöhler ist 1927 in Nieder-Salzbrunn (Schlesien) geboren.
Im Jahr 2000 erschien von ihr in der Taschenbuchreihe Topos plus (Band 349), »Du träumst in mir, mein Gott« – Frauen beten.
Im Jahr 2002 erhielt die Autorin den Preis des Frauen-Kirchenkalenders für »Gottespoetinnen«.

Im Lahn-Verlag, Limburg, hat sie noch folgende Bücher veröffentlicht:

Friede, nimm meine Hand. Gedichte, 1984.
mit deinem Echo im Herzen. Neue Psalmen, 1995.
schenke Neubeginn. Segensworte, 1996.
Sommerbriefe. Gedichte, 1986.
Unterwegs zu mir und dir. Erzählungen, 1990.
Zu den Wassern der Freude. Gedichte, 3. Aufl. 1983.